读客外国小说文库

激发个人成长

穿过欲望之城

[英]莫欣·哈米德 著 张雅楠 译

MOHSIN HAMID
How to Get Filthy Rich
in Rising Asia

文汇出版社

图书在版编目（CIP）数据

穿过欲望之城 /（英）莫欣·哈米德
(Mohsin Hamid) 著；张雅楠译. —— 上海：文汇出版社，
2017.12
　　ISBN 978-7-5496-2386-0

Ⅰ. ①穿… Ⅱ. ①莫… ②张… Ⅲ. ①长篇小说—英国—现代 Ⅳ. ①I561.45

中国版本图书馆CIP数据核字（2017）第280214号

HOW TO GET FILTHY RICH IN RISING ASIA by Mohsin Hamid
Copyright © 2013 by Mohsin Hamid
Chinese (Simplified Characters) copyright © 2017
By Shanghai Dook Publishing Co.Ltd
Published by arrangement with Mohsin Hamid c/o William Morris Endeavor Entertainment, LLC.
through Andrew Nurnberg Associates International Limited.
ALL RIGHTS RESERVED

中文版权©2017上海读客图书有限公司
经授权，上海读客图书有限公司拥有本书的中文（简体）版权
著作权合同登记号：09-2017-993

穿过欲望之城

作　　者 /	（英）莫欣·哈米德
译　　者 /	张雅楠
责任编辑 /	竺振榕
特邀编辑 /	孙若羚　闵唯　刘雨
封面装帧 /	陈艳丽
出版发行 /	文汇出版社
	上海市威海路755号
	（邮政编码200041）
经　　销 /	全国新华书店
印刷装订 /	三河市良远印务有限公司
版　　次 /	2018年1月第1版
印　　次 /	2018年1月第1次印刷
开　　本 /	890mm×1270mm　1/32
字　　数 /	128千字
印　　张 /	7

ISBN 978-7-5496-2386-0
定　　价 / 39.90元

侵权必究

装订质量问题，请致电010-85866447（免费更换，邮寄到付）

献给扎赫拉

目 录

1 搬到大城市 / 001

2 接受教育 / 015

3 不要堕入爱河 / 033

4 远离理想主义者 / 055

5 向大师学习 / 075

6 为你自己工作 / 097

7 做好使用暴力的准备 / 119

8 和当官的做朋友 / 137

9 保护战争艺术家 / 155

10 与债共舞 / 171

11 聚焦根本 / 191

12 准备好退出策略 / 207

1
搬到大城市

听着，除非你自己就是作者，否则所谓的自助书籍都是自相矛盾的。你阅读自助书籍是为了让别人——也就是作者——帮助你。以"如何"打头的书都可归为此类，那些关于自我提升、自我发展的书亦然。有些人甚至认为宗教类图书也属于自助书，但另一部分人则恨不得把持此观点者钉到地板上，用刀锋慢慢地割断他们的喉咙。所以，最聪明的做法是简单指出这两类在观点上的分歧，然后快速转移话题。

前面提到的自助书籍中，没有哪一本是毫无意义的。相反，它们还可能非常有用。但在所谓的"自助"领域中，"自"这个概念有些模棱两可。当然模棱两可可以是好事，可以是让人愉快的，更可以成为达到目标过程中的润滑剂。

这本书就是一本自助书。如它的封面标题所言，它想要告诉你如何才能在亚洲富得流油。要实现这个目标，你得在某个露水湿重的清晨，蜷缩在你母亲积着灰尘的床下发抖。你的痛苦无异于一个巧克力被扔掉、遥控器没电、滑板车被弄坏或新运动鞋被偷走的男孩的痛苦。但后者的痛苦比你的更严重，因为你从出生到现在都没有见过这些东西。

你的眼白发黄，这是因为你血液中的胆红素过高。影响你的病毒叫作戊型肝炎，是一种典型的通过排泄物及口腔传染的病毒。好极了。它的致命率只有百分之二，所以你应该会康复。但现在你却感觉自己要死了。

同样或类似的情况你的母亲已经遇到过很多次了。所以她可能不认为你会死，但也可能不然。或者她还是很害怕的。每个人都会死，但当一个母亲看到她最小的孩子像你一样躲在她的床下发抖时，可能感到死神会提前几十年降临，摘下它的黑头巾，带着一种熟悉的气息和一个猥琐的微笑，走进她和孩子们居住的只有一个房间的泥墙小屋。

她说："别把我们留在这儿。"

你的父亲已经听过她提出这样的请求。他也不是完全无动于衷。他性欲旺盛，经常在离家的时候想念你母亲硕大而结实的双乳和肉感的大腿，他当然更愿意每晚和她做爱，而非每年只来探望三四次。他还喜欢她与众不同的粗鲁幽默感，有时也眷恋她的陪伴。对孩子们虽然没有表现出深厚的情感，但他当然希望能看着你们慢慢长大。他自己的父亲热爱农耕生活，喜欢看着庄稼生长。这两种情感类比起来倒也有相似之处。

他说："我没钱带你们去城里。"

"我们可以住在你工作的地方。"

"我和司机住。他会自慰，还是个烟鬼，成天搞女人。没有家属会过去住。"

"你现在工资上万了。你又不是穷人。"

"在城里，一万块的薪水就是穷人。"

他站起身来，走了出去。你看到他拖着皮拖鞋，鞋带都没有绑，脚后跟结着硬硬的厚茧，就像是昆虫的硬壳。他穿过走廊，来到了院子里。他应该不会在那棵孤独的大树旁沉思——夏天的时候，那棵树还算茂盛，可现在是春天，只能看到它盘错的枝丫。或许他出了院子，径直走到后面的田埂旁，蹲在地上大解，清空肠子。他可能是一个人，也可能不是。

田埂旁有一条一人深的沟,沟里有细流。在这个季节,水流和沟的宽度很不协调,如同一个集中营里瘦骨嶙峋的囚犯穿着肥硕的厨师服。只有在短暂的季风时节,沟里才能有点儿水,但和以往相比,也不能算有规律,一切都要视越来越变幻无常的大气环流而定。

你村子里的村民在河上游喝水,中游洗衣服,下游方便。在上游的更上游,另一个村子也在做着相同的事。在更远的地方,水从山石间涌出,水源地有一间古老、陈旧、规模不大的纺织厂也在用水,同时,它排出的臭烘烘的灰色污水会直接流进河里。

你的父亲是个厨师,虽然厨艺精湛,而且来自农村,但他并不是一个非常重视食材新鲜度和质量的人。对他来说,烹饪只是对调料和油的运用而已。他做出的食物会灼烧你的舌头,阻塞你的血管。那些做沙拉用的带刺的叶子和梅子,或者是地板上一袋袋做面包用的小麦,只是让他腰酸背痛的麻烦活计,是他永无止境的劳作而已。在他眼中,做饭只是代替了农活的另一种劳动。此处,在充满醉人的大自然气息的食品储藏室里,你父亲嗅到了死亡的气息。

村子里的大部分人平日里都在城里工作，只有收割的时候才会回村。现在回来好像太早了些。你父亲是请假回家的。他会在早晨和他的兄弟们去割草料，手拿镰刀，一次次地重复着拢草、割草、放手、向前挪一步的动作，就如同太阳周而复始地东升西落。

他身边是一条纵贯田地的泥泞小路。地主或是他的儿子们会开着越野车从这里经过，而你的父亲和他的兄弟们则会用手遮着额头，弯下身去，调转目光。几百年来，或者说有史以来，这里的人都认为和地主对视是一件危险的事。最近有些人已经敢这样干了，但他们是留着胡子、在神学院里做事的人。他们走路的时候都是昂首阔步的。你父亲并不是他们中的一员。事实上，他对他们的厌恶几乎等同于对地主的厌恶，而且原因是一样的。在他眼中，这些人都是傲慢懒惰之辈。

你侧躺在地上，以从下往上的角度，看到你母亲跟着你父亲走进了院子。她搅拌着昨天割好的草料，混好麦秆倒进了水牛的食槽里，以便在它们吃食的时候挤奶，用力把奶挤进她的锡桶里。一切完成之后，村里的孩子，你的堂表兄弟姐妹们，便把水牛、牛犊和山羊牵出了圈。你听到他们挥舞着手中的树枝，渐渐走远。

你的姑母们也顶着泥罐、拿着脏衣服和肥皂离开了。这是社会分工。你母亲一个人干活。她独自一人，她们一群人。这并非巧合。她像你父亲一样蹲下身去，只不过手中是没了把手的笤帚，而非镰刀。她扫地的动作仿佛是她天生的运动方式。蹲低身子可以节省能量，符合人体工学，不会让人感到太辛苦。但几小时、几天、几周以至于几年以后，这种隐隐的不适感会在脑海中回荡，如同来自地下刑讯密室里的低沉哀鸣。只要不去正视这种感觉，就可以永远忍受下去。

你的母亲在婆婆的监视下清扫院子。那个老妇人坐在阴影里，脸上露出了难以掩饰的不满，嘴里叼着围巾的一角——并不是为了隐藏她身上的吸引力，而是为了遮掩她掉光的牙齿。村里的人觉得你母亲虚荣、傲慢，又任性，这些罪名长着牙齿，留下了真实的伤痕。你的祖母提醒你的母亲，有个地方没有扫到。她没有牙，嘴里还咬着围巾，说话的时候听上去就像是含着痰。

你的母亲和祖母在玩等待的游戏。年长的在等着年轻的变老，而年轻的则等着年长的老死。在这个游戏中，双方都将成为赢家。在此期间，你祖母尽其所能展示权力，你母亲则展示体力。如果没有男人在，村里的其他女人都会害怕你母亲。在一个只有女人的社会里，你母亲会成为女王，手握嗜血的权杖，脚踩粉碎的头颅。而在这里，她能做到的极致就是扛住大部分严苛的挑衅。对于孤立无援的她来说，这胜利已经不可小觑了。

你父母之间没有挑明的事实是：如果你们全家都进城生活，一个月一万块的薪水也只能勉强维生。生活会很拮据，但并非不可能。眼下，他会把绝大部分收入寄回村里，其中一部分给你母亲，剩下的给家里其他人。可如果你们进了城，他寄到村里的钱将会从溪流变成水滴，只有在过节的那两个月发奖金而且不用还债的情况下，才能像水沟里的积水一样稍多些。

你看见你母亲切了一小根白萝卜，放到水里煮。阳光驱走了露水。你虽然非常难受，但已经不觉得冷了。你很虚弱，那感觉如同虫子在体内蚕食你的身体。所以当你母亲把你的头抬起来，喂你吃她的灵丹妙药时，你并没有拒绝。那药水闻上去像是男人打嗝时的味道，让你作呕。但你的胃里已经空了，所以还是顺利地咽了下去。

你，一个患了黄疸病的男孩，嘴角淌着萝卜汁一动不动地躺在那里的时候，一定不会想到"富得流油"能和你扯上半点儿关系。但你要有信念。你并非外表呈现的那样弱小。属于你的那个时刻终会来临。是的，这本书将会为你指出一条明路。

几个小时后，做决定的时刻来了。太阳落山了，你母亲把你抱到了小床上。这是个温暖的夜晚，但你依然紧紧裹着毯子。男人们从田里回来了。除了你以外，全家人都在院子里吃饭。通过门廊，你可以听到水管里的汩汩声，看到你叔叔水烟袋上闪烁着的火星。

你的父母来到你身边，低头望着你。你父亲明天就要返城了。他若有所思。

"你没事吧？"他问你。

这是他这次回来问你的第一个问题，或许也是几个月以来对你说过的第一句话。你很痛苦，也很恐惧。所以回答显然是"不"。

但你却说："没事。"

你把命运抓到了自己的手中。

你父亲听到了你的粗声回答，点了点头。他对你母亲说："这是个坚强的孩子。"

她说:"他很坚强。"

你永远不知道是不是你的回答改变了你父亲的决定。那晚,他告诉你母亲,她和孩子们可以跟他一起进城。

他们用做爱为这个协议盖了章。在村里,要想私密地做爱只能选择在田里。在家里,没有属于夫妻两人的空间。你父母和三个孩子住在同一个房间里。但天色已晚,屋里什么也看不见。而且他们几乎没有脱衣服。事实上他们做爱时从没有赤裸过身体。

你父亲双腿跪地,解开了他的裤带,你母亲趴在地板上,扭动着胯骨做了同样的事。她抓住了他的下体,那动作就像早晨挤牛奶时一样直接而用力,但她碰到他的时候,发现他已经做好了准备。她用四肢撑住了身体。他进入了她,一只手撑地,另一只手轮换着抚摸她的身体。他用力向前,让自己贴得更紧。你们有的睡了,有的假装睡着,直到一切结束。然后他们回到床边,精疲力竭,几秒钟之后就进入了梦乡。你母亲还打起了呼噜。

一个月以后,你已经恢复了健康,可以和你的哥哥和姐姐坐在超载的车顶上进城了。如果这辆车和其他那些挤满乘客的竞争者一样翻倒,你死掉或残废的可能性就会相当高。这样的状况其实经常发生,虽然概率不会高过百分之五十。但今天是你的幸运日。

你抓着那条把行李固定在车上的绳子,仿佛穿越了时空。车子进山了。海拔高度的迅速转变可以让人从亚热带的丛林迅速来到北极冻原,而从乡野到城市的几个小时车程也仿佛跨越了千年。

你坐在那辆冒着浓烟的车子的右侧,惊讶地望着一路上的变化。泥土地变成了水泥地,坑洼也逐渐少了,最终完全消失。像战斗机一样迎面而来的混乱车流突然不见了,被平静的双车道路面取代。电力的应用逐渐显现:从路边一排排高压电线杆到和车顶一样高的电线,再到路上的街灯、商店招牌和绚丽夺目的广告牌。建筑从泥土变为砖头再变成水泥,直到四五层的楼宇映入眼帘。

每到一处,你可能都会认为自己到了,不可能再有比这更像城市的景象了。然而每次你都错了。你只能停止思考,索性向层出不穷的奇景投降,任凭它们像季风天的大雨般一场接一场地冲刷着你的视野,永无止境,直到车子突然停下,毫无预兆。你终于到了，再没的转圜。

你和你的家人下车的那一刻，正是你生命中的一个伟大转折。虽然你有一个庞大的家族，成员人数尚不至于无穷无尽，不过也多到难以统计了。但是，此刻，这里只有你们五个人。五个。一只手上手指的数目。一只脚上脚趾的数目。与鱼群或鸟群甚至人类部族相比，都是一个极小的数字。在家庭进化的历史上，你和你成千上万的移民同胞们代表着一个原子核分裂的过程。如同一种爆炸式的转型，曾经相互支持的、压制个性的、稳定的亲缘关系日益弱化，让出了空间，留下了不安、焦虑、生产力和无限可能。

移居城市是在亚洲变身富豪的第一步。而你现在已经迈出了这一步。恭喜。你的姐姐转头望着你。她的左手托着头顶上的衣服包裹，右手拎着箱子的破提手——那箱子的前任主人在你父亲出生那年，把它丢弃了。她朝你笑了一下，你也笑了。你们椭圆形的小脸仿佛来自一个不为人知的世界。你觉得你姐姐是想让你安心。稚嫩的你很难明白，她其实才是需要安心的那一个：她望着你不是想要安慰你，而是希望从你那里，从这个大病初愈的脆弱弟弟那里，获得一丝慰藉。

2

接受教育

自助书籍确实多得数不胜数。举个例子吧。如果不是心血来潮，想了解因全球化而迅速影响到你生活的某片遥远土地，你为什么要去读那些名不副实又极其无聊的外国小说、冗长而拖沓的散文，还有荒谬到令人脸红的幻想录？如果不是为了自助，你为什么要读它们？

那么其他那些小说呢？那些用情节、语言、智慧或者大量没来由的生动色情描写吸引你如饥似渴地阅读的小说？那当然也可以算是一种"自助"。最低限度上它们至少帮你消磨了时间，而时间正是组成自我的原材料。叙事型非小说作品亦是如此。但非叙事型非小说作品就很难说了。

事实上，可以说所有的书籍都会向读者提供某种形式的"自助"。教科书更会堂而皇之地自我吹捧这一点。而几年以后，你在街道上徘徊时，手中拿着的恰恰就是一本这样的教科书。

你的城市并不是一个让四下蔓延的贫民围绕着富庶细胞核的单细胞生物。它的交通设施并不足以支持所有的工人每天早出晚归。殖民结束多年以来,这里的管理者都没有能力剥夺足够的个人财产。因此,穷人和富人可能隔墙而居,即便是富人区的大道也可能直通工厂、市场或墓地,而后者和穷人的房屋或许只隔着一道阴沟、一条铁轨或是窄巷。你居住的那个三角形的社区周边就恰恰围着工厂、市场和墓地——这种情况并不少见。

到达目的地之后,你看到一栋刷了白漆的楼宇,有个牌子写着楼名和它的功用。这就是你的学校。它的一边是一个轮胎修理铺,另一边是一个卖烟的小摊。在你生活的区域,如果放弃眼前工资换来的机会够大,大部分12岁前的小孩还是会上学读书的——大部分,不可能是全部。一个和你差不多高的男孩就光着膀子在那间轮胎修理铺打工。你走过的时候他一直看着你。

你所在的班级有50个学生,但桌椅只够30个人用。其他人都坐在地板上或站着。教你的是个面颊凹陷、成天满地吐槟榔、看上去很可能有结核病的男老师。今天他教你背乘法表。他喜欢,或者说只会用一种漫不经心的吟唱来教授这种需要死记硬背的教学工具。他思维里不负责控制发声器官的那一部分仿佛已经脱离了他的身体,越走越远。

你的老师唱道:"十十一百。"

全班同学一起重复了一遍。

你的老师唱道:"十一十一一百二十一。"

全班同学又一起重复了一遍。

老师再唱:"十二十二一百三十四。"

一个莽撞的声音纠正道:"一百四十四。"

教室突然陷入了沉寂。那是你的声音。你在张嘴前并没有思考,至少没有充分地思考。

你的老师问:"你说什么?"

你犹豫了。但一切已经发生了。无法回头了。

"四十四。"

老师的声音温柔却带着威胁:"你为什么这么说?"

"十二乘以十二等于一百四十四。"

"你觉得我是傻瓜吗?"

"不是的,先生。我以为您说的是一百三十四。我听错了。您说的是一百四十四。对不起,先生。"

全班同学都知道老师并没有说一百四十四。或者不是全班。大部分人根本就没有听讲,想的都是放风筝、冲锋枪或用拇指和食指把鼻涕揉成一个球。但有些人确实听到了。所有人都知道将会发生什么,虽然他们不知道具体的形式。他们充满恐惧地观望着,一如礁石上的海豹,观察着不远处跃出水面的大白鲨。

你们中的大部分人都被老师惩罚过。作为全班最聪明的学生,你受到过几次最严厉的惩罚。你想要隐藏自己的知识,但冒险精神却经常压倒你的理智,每每如此,你都要付出代价。今天,你的老师把手伸进了短上衣的口袋里,那里面放了一些粗沙。然后他揪住了你的耳朵,手上的粗沙加大了摩擦,你的耳垂顿时血迹斑斑。你忍着不哭出声来,不让施酷刑的人感到满足,但这无非是让灾难变得更为长久。

你的老师并不希望当老师。他本来想当电表工。查电表不用和孩子打交道,工时较短,更重要的是可以收取些贿赂,既能赚钱,社会地位又高。他倒不是没有能力查电表。他的叔叔就在电力部门工作。但这份查电表的工作和他人生中其他向往的事情一样,在他叔叔的帮助下,最终落到了他哥哥的头上。

后来,你的老师虽然在初中结业考试中落败,却想办法修改了成绩,再用相当于他之后工资60%的钱贿赂了在教育部门当小科员的表亲,以获得现在的教职。他绝非一个以教育为人生目标的人。恰恰相反,他憎恨教书。这让他感到羞耻。尽管如此,他还是会担心失去这份工作,担心自己的体罚行为被发现,然后要付出更大的代价去保留这份工作。他的担心由于长期的失望和对世界不公的坚定看法而日益加深,并暴露在他成瘾般的暴力行为中。每次动手时,他都告诉自己,他是在把教育灌输进又一个愚蠢的头脑。

灌输和教育,这两者相互交织,纠缠在你周围很多人的生活里。比如你的姐姐。你回家的时候她正在哭。最近她的情绪一直在被压抑的大颗泪珠和冷漠的倨傲态度之间徘徊。此刻是前者。

你说:"又怎么了?"

"别惹我,混球。"

你摇了摇头。此刻的你太过虚弱,没法做出合适的回应,也没力气去挨她的耳光。

她发现你有点儿不对劲。她问:"你的耳朵怎么了?"

"老师。"

"那个狗娘养的。过来。"

你坐在她旁边。她用手环着你,抚摸着你的头发。你闭上了双眼。她吸了几次鼻子,但已经不哭了。

你问:"你害怕吗?"

"害怕?"她强笑了一下,"他应该怕我。"

"他"指的是你父亲的二表弟,比她大十岁,现在和她订了婚。他的第一个老婆在分娩的时候死了,之后他马上就找上了她。

"他还留着胡子吗?"你问。

"我怎么知道?我好多年都没见过他了。"

"那胡子真厚。"

"你知道他们怎么说男人的胡子吗?"

"怎么说?"

"算了。"

"你害怕吗?"

"怕什么?"

"我不知道。害怕离开这儿。我就害怕一个人回村。"

"所以你还是男孩儿,而我是女人。"

"你是女孩儿。"

"不,我是女人。"

"女孩儿。"

"我每个月都流血。我是女人。"

"你真恶心。"

"可能吧。"她笑了,"但我是女人。"

然后她做了一件让你惊讶的事。她做了一件在你心中只有身材婀娜的女人——而不是像你姐姐一样瘦削单薄的女孩儿——才会做的事。她居然唱起歌来。她的声音轻柔,却极具力量。她唱了一首你的村子里的母亲们给新生儿唱的歌。这首歌你的母亲为你们每个人都唱过:像是摇篮曲,但曲调更活泼一些,不是为了让婴儿入睡,而是希望母亲不在眼前时,婴儿也能感到她的存在。你已经很多年没有听到过这首歌了。听到你姐姐唱它,你感到有些奇怪,放松的同时又感到不安。你靠着她，感到她的身体一张一弛，仿佛一台风琴。

她唱完后，你说："咱们去河边吧。"

"好。"

你们两个人离开了一家人合住的那个房间。这里和你在村子里的家差不多，只不过外墙是砖头砌的，而不是泥土垒成的，位于一栋摇摇欲坠的三层小楼的顶层。你顺着楼梯扶手滑到了一层，走进了一条从主道岔出来的偏僻的窄巷。这巷子是条死胡同，哪里也通不到，三面都是住家。巷子里垃圾成山，后面是一条露天的阴沟。

如果有人从侦察卫星上观看，会发觉两个孩子的行为十分古怪。他会看到他们非常小心地走向那条阴沟，仿佛里面不是各种黏稠的污物，而是湍急的洪流。而且虽然这条阴沟很浅，轻轻一跳就可以越过去，两个孩子还是小心地站在沟的两边，两只手圈在嘴边，仿佛彼此间的距离远到需要大喊才能让对方听到。达成协议之后，其中一个孩子捡起了一根铁丝——看上去应该是人家扔掉的自行车车条——好像在用它钓鱼，虽然没有鱼线和鱼钩，这里显然也不可能钓到任何东西。另一个孩子则拿着一长条棕色的包装硬纸板往沟里戳：在戳透明的海龟吗？还是隐形的鳄鱼？实在很难理解她莫名其妙的行为。突然，那个女孩儿蹲下身，看上去好像在生火。男孩冲她喊了句什么，她便把围巾的一端抛给了他。

你紧紧地揪住她的围巾。在你手中，它变成了帮你过河的绳索。但就在你过河之前，咒语被打破了。你顺着你姐姐的目光望去，那扇刚刚还关着的窗户打开了。一个高个子的秃头男人站在屋里，目光炽热地看着你姐姐。她拿走了你手中的围巾，一端围住头，另一端遮住她小小的胸脯。

"我们回家吧。"她说。

你姐姐在你家搬来城市之后没多久就开始帮人打扫房间赚钱了。你父亲微薄的收入很难追赶近年来疯狂的通货膨胀。你父母告诉她，你哥哥工作之后她就可以回学校读书了。她只上过几个月的学，但对学习的热情比你上学多年的哥哥要高得多。

你哥哥现在已经成为了一个油漆工的助理，也就不再读书了。但你姐姐并没能回到校园。她已经错过了时间。婚姻才是她的未来。她已经被打上了进入婚姻的标记。

你们到家的时候，你哥哥正坐在房间里。他看上去精疲力尽，满手满脸都是白色的油漆，就连头发里都是，就像一个化装成中年大叔的小男孩要在学校演出。他疲惫地看着你们，咳了几声。

你姐姐说："我告诉过你别抽烟。"

他说："我没有抽烟。"

她哼了一声："你抽。"

"是我老板抽的。我一整天都跟他在一起。"

事实上你哥哥有时候确实会抽烟，但他自己并不喜欢，而这一个星期他都没碰过香烟。况且烟草并不是造成他咳嗽的原因。真正的源头是涂料。

每天早晨你哥哥都要穿过铁路。人行道没封闭的时候他可以直接穿过去，如果封闭了，但火车开得很慢，他会像玩游戏一样淘气地跑过去，然后搭公车到算不上古老也算不上年轻的欧洲风格百年老区去上班。他穿过一间茶叶铺，走进一片露天区域，这里曾经是一个公共广场，或者更准确地说，是一个公共的梯形空间。但如今，因为一些非法建筑堵住了它的一条通道，这里变成了一个完全封闭的露天小院。

院子在多功能规划，或者更应该叫没有规划，可谓登峰造极。周边建筑的楼上有一些民宅和工人住的出租房，一个破酒店的客房，以及裁缝店、刺绣工和其他工匠的工坊，还有两个私家侦探的办公室，这两个人互相憎恨，经常通过窗户相互观察。在一层，楼的正面——也就是不朝着小院的那边——是商店和几间简陋的饭店；而朝着院子的那面则租给了一间小规模的工厂：对这个高人口密度的区域来说，它从听觉、嗅觉、视觉上都很不受欢迎，因此只能把朝着封闭院落的这一边作为遮挡自己的面纱。

你哥哥帮忙的这个油漆工是做空气喷涂的。他们今天的活计来自一个声名显赫的室内装修设计师。你哥哥从一辆小卡车上卸下了一套定制嵌入式书架。书架还没涂油漆，也就不能嵌到墙里去。他小心翼翼地抬着书架穿过茶叶铺进入小院，走进了油漆工的棚子，脚步因为负重有些蹒跚。他把塑料布贴在房顶上作帘子，防止油漆溅到已经漆好、等着客户来取的家具上，然后用报纸包住书架上的氖光灯和金属电灯开关，再按照油漆工的指示把颜料和底漆混好，拉好插线板，插好喷枪。然后他便站在油漆工身后，在闷热的房间里大汗淋漓地看着油漆工拿着喷枪一行行地为书架喷漆，如同汽车装配厂的机器人，但比机器人少了些精确，多了些汗水。每过几分钟，你哥哥都会跑去清理溅出来的油漆，或者搬梯子，打水，买面包，重新接电线。

你哥哥的工作从某种意义上讲接近宇航员，或者换个沉闷些的比喻，更像是带水肺的潜水员：都包含了空气的嘶嘶声、失重的感觉、突然的头痛和恶心，以及有机体和机器融合在一起时的那种不稳定感。然而，宇航员和潜水员都可以看到一个崭新的世界，但你哥哥每天看到的仅仅是不同浓度的单色糨糊而已。

他的职业要求他具有耐心和承受不断的低度恐慌的韧劲，这两者你哥哥都不具备。此外，在理论上，它还需要护目镜和防毒面具，但无论是你哥哥还是他老板都没有这些，他们只是用一些薄棉布蒙住嘴巴和鼻子。这样做的短期结果是咳嗽，而长期结果可能会非常严重。但给油漆工当助手是有工资的，能学到宝贵的技术，而且每个人都知道，从长远来看，没有什么事是完全不可能造成人的死亡的。

那天晚上你母亲做的是炖豆角，里面放了很多洋葱。这并不是因为你母亲非常喜欢洋葱，而是因为它们可以让菜显得更丰富，而且今天洋葱又比较便宜。你并不是一个好运的孩子。你耳朵上的伤看上去比你姐姐的目光或你哥哥皮肤上的油漆要更痛苦一些。但你还是幸运的。因为你是家里第三个孩子。

在迅速崛起的亚洲,受教育可以让你向富有跨出一大步。这不是什么秘密。但和很多令人向往的事情一样,大家都知道,并不意味着大家都能做到。有些人一生都走在通往财富的路上,无需选择、欲望或努力,有些人只需要机会,而你,借助的却是你在家里孩子中的排位。作为第三个孩子,你不需要回到村子里,不需要成为油漆工的助手,不需要像你家第四个孩子一样躺在村子里大树下面的坟墓里。

你的父亲在晚饭后回到了家。他一般都是在他干活的那家和其他用人一起吃饭。你们全家都围在电视机周围,这是你们的城市繁荣的一个象征。电是从你家前面那座大楼偷来的。那是一台陈旧的阴极射线管黑白电视机,屏幕凹凸不平,上面还有恼人的裂纹。它的大小还不及你手腕到手肘之间的长度,只能收到几个全球播出的频道。但它至少可以看,而你们全家都鸦雀无声,无限欣喜地看着它带到你们房间的这场音乐演出。

演出结束后,字幕出来了。在你母亲看来,那只是一些毫无意义的象形符号,你父亲和姐姐认识其中的一些数字,而你哥哥则懂得其中的一些单词。只有你知道这些文字的意义。你明白这是表演者名单。

就在这个时候,你居住的这个区域整个停电了,你家那个光秃秃的灯泡也同时灭掉了。你们点了蜡烛,准备就寝。最后你母亲用手指把烛芯掐灭了。

房间里昏暗但并不漆黑。城市的夜光从百叶窗缝间钻了进来。一切归于安静,但并非鸦雀无声。你听到火车减慢了速度。虽然你们挤在一张小床上,你还是沉入了梦乡。你哥哥的咳嗽居然一次都没能把你吵醒。

3

不要堕入爱河

很多自助书籍都会教你如何找到爱情，或者说如何让你希望得到的那个人爱上你。坦率地讲，这不是一本那样的书。因为如果想要致富，爱情就是阻碍。是的，对爱的追逐和对财富的追逐有很多相似之处。两者都存在启迪、激励、提高或毁灭的可能性。但拥有巨额银行存款已被证实能够吸引他人献出他们的爱，拥有爱情却有着相反的作用。它会抑制你的野心，会吞噬掉助你踏上致富之路的推动力。

所以，你在十几岁的时候爱上了一个漂亮姑娘这件事确实让人担心。她并不是那种传统意义上的美女。她没有牛奶般的皮肤、瀑布般的长发、丰满的胸脯或是柔软的银盘玉面。她的肤色偏深，头发和眼睛颜色偏浅，其他五官都是棕色的，因此她整个人呈现出一种烟熏的质感，仿佛蒙着一层炭粉。她身材瘦高，胸部平平，用你母亲的话说，她的乳房就像是两只被捏扁的芒果。

"哪有男孩儿喜欢和那样的女人上床,"你母亲说,"简直跟和男人上床一样。"

也许吧。但你并不是她唯一的追求者。事实上,很多和你同龄的男孩儿都会盯着她看,她骄傲的姿态和你生活的环境格格不入,就如同一个穿着比基尼的女子走在神学院中一般。或许是代沟吧。你们这一代与父辈不同,是成长在城市中的一代,受到了电视和各种各样广告牌的视觉冲击。多子多孙在这里并不是财富,而是一种负担——在农村,食物是自己种植的,而在这里需要购买;在农村,哪怕是没什么技术的人也能混口饭吃,但在城市,这样的时代已经一去不复返了。

无论是什么原因,这个漂亮女孩成为了你寄托欲望、发泄痛苦以及自慰的对象。她好像对你也有兴趣。你的身材一直结实健硕,而且这段时间里显得尤为健美。这一方面是做俯卧撑、引体向上、拿着砖头练胸肌和背部肌肉的结果——你的邻居、曾经的健美教练、现在的中年枪炮工人就是你的教练;而另一方面是因为你晚上在一家DVD公司兼职送货员。

你的社区后面是一排工厂厂房,再远一些是一个市场,市场另一边的城区要繁荣富庶一些。市场是环形的,里面有一家光盘零售店，里面很黑，灯光昏暗，几乎只能同时容纳三个客人。店里有两面墙都被电影海报贴满了，第三面墙前则靠着一个DVD架，上面放着一些光盘，不算多也不算少，都一样便宜，仅仅是空光盘的两倍。并没有什么地方注明这些光盘是盗版的。

为了满足客户的不同需求，老板只会保留一百多张最热卖的电影库存。有些冷门些的电影每年只能卖掉一两张，可喜欢它们的客户却越来越多，所以店铺老板特地安装了宽带设备，还准备了一部刻录机和一部高清彩色打印机，无论客户要买哪部电影，都可以当天拿到。

你的作用就在于此。老板将送货区域划分为两个。第一个区域骑自行车最多十五分钟就可以到达，由初级送货员负责。而第二个区域则需要高级送货员骑摩托车送。这个男人的薪水是你的两倍，而小费就远不止这个数字了——虽然你的工作要比他辛苦得多，但骑摩托车送货显然比骑自行车送货感觉更高端。虽然有些不公平，但至少你不用因为买摩托车每个月给那个一身伤疤、脾气暴躁的债主还月供。

你每天工作六个小时，从晚上七点到凌晨一点，真正干活的时间很短，中间闲暇的时间很长，也正因如此，你练就了速度和耐力。你每天要接触不同的人，其中包括富人家的女人。她们不觉得在门口和你单独相处有什么问题——所谓单独相处，其实是忽略旁边的保安和其他在院子里工作的用人不计。她们会问你一些问题，包括图像和声音的质量，有时候还会问你电影好不好看。因此你逐渐记住了世界各地的明星和导演的名字，知道了哪些电影可以拿来做比较，即便你自己从来没特意去看过这些，也总会在休息的时候在店里看到。

那个漂亮女孩也在市场里工作。她父亲是个臭名昭著的酒鬼加赌棍，白天几乎见不到他的影子，只会叫老婆和孩子晚上帮他赚回他前一天输掉的，或者这天晚上即将输掉的钱。漂亮女孩在一个美发沙龙里兼职，负责给客人送毛巾、拿护发染发膏，端茶倒水，扫地拖地，帮各个年龄层的有钱或装作有钱的女人按摩头部、后背、大腿和双脚，有时还会给那些在车里等待太太或情人的男人们送去软饮。

她下班的时间恰好是你上班的时间。而且由于住在相邻的两条街上，你们经常会在上下班的时候碰到对方。碰不到的时候，你会特意推着车经过美发沙龙的门口去看她一眼。而她好像也非常喜欢你工作的那家光盘店，经常饶有兴趣地盯着那些不断更换的电影海报和DVD封面看。她不会特意看你，但你们四目相对时，她也不会扭开头。

有时候你不会在上班路上碰到她，在沙龙门口也见不到她的身影。这时你会猜想她去了哪里。是不是赶上轮休？也不是不可能。

一个冬日的晚上，天已经黑了。你们在工厂区内一条没有路灯的巷子里相遇了。她主动和你说话了。

"你很懂电影？"她问。

你下了车。"只要和电影有关，我什么都懂。"

她没有停下来。"你能给我拿一张最好的吗？最受欢迎的？"

"当然。"你想追上她的脚步，"你有DVD吗？"

"我会有的。你别跟着我。"

你悬崖勒马般地停下了脚步。

那晚，你的店里丢了一张光盘。第二天，你把它塞在衣服里等她,但那个漂亮女孩没有出现,无论是在上班路上还是在美发沙龙。一天后,你见到了她。她随意地在头上围了一条围巾,如同对习俗轻蔑地点头——她向来都是如此。她步伐有些笨拙,提着一个大袋子,里面装着可播放DVD的小电视机。

"你从哪里弄来的?"你问。

"别人送的。我的电影呢?"

"在这儿。"

"放袋子里。"

你按照她说的做了。"看上去很重。我帮你吧?"

"不用。你和我差不多。都是瘦子。"

"我力气很大。"

"我又没说我们没有力气。"

她继续往前走,什么也没说,连句谢谢都没有。你整晚都焦虑难耐。是啊,你已经和她说过两次话了。但她完全没有表示出她会再和你说话。而且关于有没有力气的辩论本来就让你感到火大,所以这次她的评论正中你的要害。

你问过你的邻居,为什么锻炼了这么久,你依然不能像他曾经的照片里那么健壮,他给你的原因就是你的饮食。你摄入的蛋白质不够。

"而且你还小,"他靠在门框上,一个小姑娘撞到了他的腿,撞得他膝盖一阵阵地疼。"还要过几年你的肌肉才能达到峰值。不用担心。你很棒。不光是这个。"他敲了敲你的二头肌,你特意使劲收紧了肌肉。"还有这个,"他用食指关节敲了一下你的脑门,"所以别人才不敢跟你乱来。"

"不是因为他们知道我们是朋友?"

他眨了眨眼。"这也是原因之一。"

你在那些邻里男孩的街头战争中确实赢得了威名,可蛋白质的问题依然令你头痛。那段时间你家的经济状况已经算是不错了:姐姐回村后少了一个人吃饭,而你也加入了你父亲和哥哥的行列,开始赚钱了,劳动力又多了一个,这让你家的人均收入达到了空前的水平。

蛋白质实在是太贵了。在你家,很少有机会吃得到鸡肉,而红肉更是婚礼这种重大节庆上的奢侈品,主人要为此节衣缩食好多年。扁豆和菠菜当然经常登上你的餐桌,但植物蛋白和动物蛋白毕竟不能比。每周,在偿还了各种债务、给完那些贪婪的穷亲戚钱之后,你自己家剩下的钱只够买一打鸡蛋——你、你母亲和你哥哥每人四个,再加上每天的半升牛奶——分到你这里也只有半杯了。

过去的几个月里,你有一个秘密嗜好——为此你非常自责,却依然执着地坚持着,那就是每天都会买1/4升的牛奶。这会花掉你10%的工资,刚好等于老板刚刚给你加的薪,当然你没有告诉你父亲这件事。同时,这些牛奶的花费也等于你老板的客人为送盗版DVD付的钱——对于这种行为本身,你感到荒谬至极,但它抚慰了隐瞒薪水不报而私自买牛奶的行为给你带来的悔恨心情。无论如何,你每天买牛奶花掉的钱也不过只等于一片拇指宽的塑料光盘的价值而已。

第二天晚上,你边跟着那个女孩儿,边想着你需要摄入蛋白质这个复杂的情况。这一次她在胡同里停了下来,拿出那张你给她的DVD,一言不发地把它摔在了你的胸口。

"你不喜欢？"

"我喜欢。"

"你可以留着它。这是给你的礼物。"

她的脸沉了下来。"我不想要你的礼物。"

"对不起。"

"你有手机吗？"

"有。"

"给我。"

"哦，可问题是这是我老板的……"

她笑了。这是你第一次看到她笑。这让她看起来像个小姑娘。或者应该说她就是个小姑娘，但总是表现得很成熟。笑容把她拉回了真实年龄。

"别担心,我又不会拿走。"她说。

你把手机递给了她。她拨了几个数字。她的包里响起了铃声。

"现在我有你的号码了。"

"我也有你的了。"你试着表现得和她一样酷。你不知道自己成功了没有,但无论如何,她都已经转身离开了。

因为你需要四处送货,而你的老板又需要时刻和你取得联系,所以他给你配了一部手机。那是一部质量堪忧的三手手机,但还是可以给你自信。往外打电话是需要付钱的,因此你只会在卡里存上最低限额的钱。然而今晚,你满怀期待地去买了一张大额度的充值卡。

但你等的那个电话始终没有打过来。而当你试着打给那个漂亮女孩时,她也没有接听。

你非常沮丧,无精打采地送完了剩下的光盘。午夜,当你下班时,她打了过来。

"嗨。"她说。

"嗨。"

"我想再看一部电影。"

"哪部?"

"不知道。跟我说说我刚看的那部吧。"

"你想再看一遍?"

她又笑了。一晚上的第二次。你很开心。

"不是啦,白痴。我想多了解它一点儿。"

"比如?"

"什么都可以。演员是谁?还演过什么?人们怎么说?为什么大家都喜欢它?"

你告诉了她一切。一开始你只说你知道的,你说完了,可她还在不停地追问,所以你开始讲一些你觉得可能是对的事。而她继续问下去的时候,你就开始自己编造一些信息,直到她告诉你她听够了。

"有多少是真的?"她问。

"不到一半。但绝对有一些是真的。"

她又笑了。"你真老实。"

"你父母在哪儿?"

"怎么了?"

"他们怎么会让你在这个时候打电话?"

"我爸不在家,我妈在睡觉。"

"你说话她听不见吗?"

"我在屋顶上。"

你想象了一下这个情景。她独自坐在屋顶上的样子让你有些呼吸困难。但在你想到要说些什么话来应答之前,她又说话了。

"我明天再看一部。你选吧。但要热卖的。"

之后的几个月里,这变成了一种仪式。你们会在上班的路上见面,两个人几乎不说话,甚至不会停下来,你会给她一张DVD或者拿回一张她刚看完的。晚上你们会聊天。一开始你感到这是一门你从来没有接触过的功课,但因为你给她的电影都是你看过一些的,所以你至少可以发表一些个人的意见。很快你发现,她可以为你填充缺失的那些空白,告诉你整个故事。你们的讨论内容也变得越来越丰富,有时还很激烈。按理说你手机的花费应该非常可观,会用掉你所有的小费,至少也是绝大部分。但她坚持由她打给你,这样你就不用花钱了,她还坚持不谈你们自己,和你们的家庭。

那个漂亮女孩的父亲是一个训练有素的速记员,但已经有段时间没有接过笔录或者其他活计了。他喜欢打牌喝酒,但因为没钱,所以这些也就不是什么大问题了。他曾经工作的那家小塑料瓶制造厂的老板把公司卖掉了,把得到的一部分钱分给了员工作奖金。漂亮女孩的父亲因为平日里和那个老板走得很近,一下子得到了超过一年的薪水。自此他就再没工作过。

她父亲的一天这样度过:天亮时睡觉,傍晚甚至夜晚才起来,从他妻子和女儿那里偷些钱去酒吧喝酒——那是一家非法非洲移民开的地下酒吧,每次被警察发现后都要换一个地方。那些警察虽然收到了贿赂,但依然无法承受宗教激进分子的压力,时不时都要假装把它关掉。他一个人喝酒到午夜,那时候赌局才开始。他会钻进那个拉着窗帘的房间,他的朋友们已经发好了牌。这些朋友中有人曾经狠狠地揍过他,导致他的左手有三根手指都无法弯曲。他现在还欠当地的黑帮头子一笔钱——那个从来没有笑脸的人显然不是他的朋友。他希望把钱赢回来,不过也很清楚如果赢不回来,他将面对怎样的结果。

他的太太,也就是漂亮女孩的母亲,长期患有严重的风湿。因为身体原因,她只能当清洁工——这是她唯一能找到的工作了。她完全不和丈夫讲话,也极少和漂亮女孩讲话,除了偶尔对她大声尖叫,整条街上的人都能听到。工作时她就像是个哑巴。她会对上帝讲话,祈求上帝让她不再承受痛苦。由于她会在大庭广众之下祈祷,人们都认为她精神不正常。

不出意料,那个漂亮女孩正在计划逃离她的家庭。她在美容沙龙的薪水比她母亲高得多,却毫不抵抗地全部交给了她的家人。不过沙龙也会为一些不出名的时尚摄影师提供服务,这为她打开了通往时尚世界之窗,她甚至还去为一些小成本的拍摄活动做过发型和化妆助理。最终她成为了一个负责洗发水推广的市场经理的情人。他说她有潜质成为一个模特,还承诺会帮她成功,同时给了她很多礼物和钱。漂亮女孩没有告诉她的父母和这个市场经理,她把这些钱存了起来。她相信这代表她独立了。

那个经理要求她用身体做出回报。最初她只是和他接接吻,让他抚摸她的身体。她认为这样可以让她保持处女之身,这让他很惊讶。几个月过去后,她最终允许他突破了最后一关。

那个市场经理最初给她的兴奋和温暖如今已经烟消云散了。她的目标是获得足够的钱租一间自己的房子,现在这个目标就快达成了。她依然暗自期盼那个市场经理兑现他的承诺,让她在某个广告中露一下脸,或者把她介绍给别人,推动她的事业。但她不傻,她已经认识了一些用过沙龙服务的摄影师,有好几个人都非常确定地告诉她,她有做这一行的潜质。

漂亮女孩很清楚,在她和时尚圈之间——哪怕是这个圈子的最底层之间——有着文化和阶级的鸿沟,她必须要为此搭建桥梁。因此她才对电影、对你有了兴趣。但她发现,除了教育价值之外,她也深深地爱上了电影;更令她惊奇的是,她也深深地爱上了和你聊天。她在你身上找到了友谊;你让她百般憎恨的生活变得可以容忍了。

她知道你对她的感觉。她看得到每次与她在巷子里擦肩而过时你的眼神。她告诉自己,她对你的感觉和你不一样。她觉得你温暖可爱,就像是一个小弟弟——虽然你们同龄,而且你也不是她的弟弟。你还有一双漂亮的眼睛。

是的,她知道其实她心里也非毫无感觉。和你谈话时她很开心,比任何时候都开心。她喜欢你身体的线条,喜欢你的姿态。你的态度让她开心。你对她的执着让她感动。你像是一扇门,通向一个她不想要的世界。然而无论门那边的世界多么令她厌恶,这扇门却依然赢得了她的心。

因此,在她永远地离开这里之前,她给你打了一个电话。这个电话本身并没有什么特别。她的原话是:

"你来一趟吧。"

"去哪儿?"

"我家屋顶。"

"现在?"

"现在。"

"在哪里?"

"你知道在哪里。"

你没有否认。你经过她家很多很多次了。这里的男孩儿都知道她住在哪里。虽然还有一个小时才下班,你还是马上跳上自行车,使劲踩下了脚蹬。

你从她的楼外小心翼翼地爬上去,从窗台爬到平台上,尽量不被里面的住户看到。你终于来到了屋顶上,但她并没有说话。你已经习惯了和她见面时的沉默,所以也没有说话。她脱掉了你的衣服,让你平躺在地上,然后脱掉了自己的衣服。你看到了她的肚脐、肋骨、乳房和锁骨。你看着她把身体完全展现在了你眼前,感到一阵晕眩。她弯曲双腿跪了下来,轻轻地碰到了你的腹部。她爬到了你的身上，你依然平躺着，双臂僵硬，动弹不得。她缓慢地骑在你身上，你看到她身后盘旋在空中的飞机的光亮，两颗星星透过城市肮脏的空气在隐约闪烁，成排的电线如同夜空中幽暗的乐谱。她望着你的脸，你也盯着她，直到她逼人的目光让你不得不望向别处。在你结束前，她离开了你的身体，用手完成了最后的过程。

她穿好衣服，微笑着说："我要走了。"

她消失在了楼梯的尽头。你甚至还没来得及吻她。你甚至都没有说过话。

第二天她就消失了。你完全无需等到晚上未能与她碰面才意识到她的离开：在你生活的这片地方，流言传播得比什么都快，你已经听说她放弃了尊严，和夺去她贞操的人私奔了。你崩溃了。你是那种用下体寻找爱情的人。你认为你一生只会和一个女人做爱。然而在她看来，你只是她的第二个情人而已。这至少对你的致富之路是件幸事。

有些时候，无论你自己选择了怎样的方向，命运都会推着你向财富前行。

有一天晚饭的时候,你母亲骂那个漂亮女孩是个荡妇。你气坏了,没吃完盘子里的鸡蛋就离开了餐桌。你并没有听出,你母亲尖锐的声音中带着一丝惆怅,甚至还有些许的钦佩。

4

远离理想主义者

毋庸置疑，理想虽然超越了渺小的人类，属于非常抽象的概念，但本身是反自我的。因此，如果哪本自助型的书让人们投身理想，那很有可能是骗人的。是的，这样的书有很多，而且有可能确实会帮到某些人，但它们对作者的帮助显然要大过对读者的。因此你最好远离这类书，尤其是如果你把致富作为头等大任的话。

　　对书如此，对人亦如此。在远离宣扬理想主义的书的同时，也要与那些宣扬理想主义的人划清界限。这些理想主义者一般聚集在大学周围。他们发现，大学里充满了年轻敏感、愤世嫉俗又野心勃勃的年轻人。只要不是当代亚洲的那种不注重个人卫生的青年男女，他们还是很乐意听从差遣去斩妖除魔的。换句话说，他们是最容易被煽动的。

　　而你已经陷入了这群理想主义大学生中。此刻你正坐在宿舍的破床上,被和你同一个学生组织的成员淹没,如同被流氓团伙包围了一般。你们宿舍的老大边听着你说话边收拾东西。他身材魁梧,脸上有很多毛,而且有些已经变白了,他五官扁平,长得像一个拳击手。

"哪里?"他问你。

"在航天科学大楼后面。"

"他们有几个人?"

"四个。我看是大一的。"

"你确定他们在抽大麻?"

"我确定。"

"我回来以后我们就去搞定。"

你们两个人都大汗淋漓。停电了。没了电扇,本来就十分闷热的房间现在就像烤炉一样。蚊子很猖獗,穿过坏掉的纱窗钻进了房间,你打死了小臂上一只正在吸血的蚊子,而你们的老大则把一把手枪放进了粗呢包里，拉上了拉链。

你的父亲坚持要你完成高中教育，虽然你因为晚上送DVD的工作已经疲惫不堪，早晨要努力挣扎才能从床上爬起来。他意识到在城里，男子气概没有受教育有用。你父亲非常魁梧，以他的体格，他可以在几分钟之内制伏他的老板，抢走他们的东西。但他明白，他们拥有两样他没有的东西：高等教育和裙带关系。他显然不能为孩子们提供后者，但至少要让你们中的一个获得前者。

但对于你这样家庭背景的年轻人来说，进入大学并不是一件容易的事。裙带关系并不是大摇大摆地到处炫耀，让别人满足他们孩子的要求。它通常披着狡猾的外衣。虽然你成绩优秀，又从电影中学会了如何伪装出各种个人风格，但非常明显，你是一个用人的儿子。没人会邀请你参加晚宴，也没有人会邀请你坐他的新车，甚至没有几个给你递根烟的老朋友。因为在通向大学的阶梯上，你学校的那些同学没能获得去解救你的通行证。

你的大学虽然受到政府的补贴，但依然如饥似渴地寻找经济支持。付上一笔小钱，监考官可能就会对作弊行为视而不见；如果再给多一点儿，他们甚至会允许别人帮你考试；再多些的话，交白卷也能得到高分。

你留了胡子，加入了一个组织。你和宿舍老大开完会分开后，其他学生都避开你的视线。路上的人也不敢好奇地看你或者你的自行车，虽然这里没有摩托车的人几乎全都会坐公交车。大学生们因为城里湿热的空气都不愿意骑车，但因为之前的工作，你已经习惯了骑车，也喜欢锻炼。

和你大部分的同学相比，你对学习更为看重。同时你也更强壮，胆子更大。因此你比这个组织里的大部分人都优秀。这里的大部分头头都已经快40岁了，离开大学的时间都快和你的年龄差不多了。所以你并不是真心希望跟随他们，但现在你很享受那些有钱的学生和腐败的管理人员看到你时的那种紧张情绪。

你的组织和其他组织一样，是一个经济组织。它卖的产品就是权力。你的学校有超过3000名学生，再加上街上其他学校或机构的年轻人，完全可以霸占街道的每个角落，可以去反对那些讨厌的法律、政策，表达的观点一定会引起震动。政党们希望能控制这些校园的衍生物，而你的组织就是其中一个。

进入组织之后，你就能得到一个月的薪水，还有食物、衣服和一个免费的宿舍床位。你还能得到保护。你不仅不用怕其他同学欺负你,就连学校的教职员、外面的人甚至是警察都会离你远远的。如今你骑车穿梭在大街小巷时,你知道自己再也不是一个孤立、贫困的小人物,一个随时会被强权欺侮的小人物,一个在和车子相撞时——哪怕完全不是你的责任——可能也会挨上一巴掌的小人物。不,你现在属于一个庞大的、代表正义的组织,或者说是一个极其残忍的组织。

你在一个广告牌上看到了那个漂亮女孩,她正在展示一条牛仔裤。上面还有一男一女,背靠背站着,展示着他们的侧身,看上去像是一对情侣,仿佛在暗示她是单身。这张巨幅图片让你内心充满了矛盾。你震惊于她的美丽,同时也很高兴能再看到她。你听说过她已经和那个男人分手了,这也就意味着她现在可能是单身,这让你很开心。但同时你也怅然若失。她离开后,你的手机就停机了,你再也没和她说过话,也没见过她。

那个漂亮女孩终于获得了自己的住所:她、一个歌手和一个演员合租了一套房子,三个人都是女孩子,三个人的情况也都相似。那个市场经理已经被抛在了身后。她现在正和一个有一辆昂贵摩托车的长发摄影师分分合合地交往着,很多人认为他是双性恋。漂亮女孩靠拍硬照和走秀赚钱,收入不多不少,还没有出名。此时此刻,她刚刚起床,没吃午饭,站在客厅里深深地吸了一口薄荷烟,望着天空中的云彩被黄昏染成红色。

在那片云彩下,你下了车。你父亲叫你回家,因为你母亲身体出了问题。你姐姐又怀孕了,所以不能来,但你的哥嫂来了。你母亲脖子上那个难看的肿块让她感到愤怒和羞耻。

"要不是我的胸,"她说,"每个人都会觉得我是青蛙。"

虽然身体出了问题,她眼中的那股倔劲依然没有消失。但不幸的是,她治疗得太晚了。她平常强健的体格掩盖了她的症状。她从你们隔壁的小贩子那里买了草药粉末,吃了几个月也没见效果。后来请的那个所谓的医生因为被你发现一个劲地给她注射盐水和麻醉药被辞退了。

你的父亲恳求雇主家的女主人帮他想想办法。这个女人曾经非常吝啬,但在丈夫过世之后开始参与慈善事业。她同意帮他找一家私人医院。

那个女主人坐着私家车来到你家。她没有下车,没开车门,甚至连车窗都没有摇下来。你母亲和嫂子挨着她坐在了后座上,你父亲坐在了副驾驶位。你和你哥哥乘公交车到医院的候诊室和他们会合。

"他们怎么来了?"那个老太太问你父亲。

"他们是我儿子。"

这句回答好像没有产生什么效果。

你父亲接着说:"他在上大学,应该听得懂医生说什么。"

老太太上上下下地审视了你一番,注意到了你的胡子和衣服。她对你父亲说:"只能进来一个人。"

"他。"你父亲指着你说。

医生是一个丰满而严肃的女人,和你母亲差不多同龄。她的诊断和后一个星期得到的化验结果一致:甲状腺癌。她解释说,如果医治得早,是有很大希望治愈的,但你母亲的治疗契机早已经过去了,但如果动手术,还是有希望的。

"要花多少钱?"女主人问。

"包括药物、麻醉和术后恢复?"

"在公共病房。"

医生说出的数字超过了你父亲的年薪。

"如果不动手术呢?"女主人问。

"她会死。"

女主人思考了一会儿。你看着你的母亲。她定定地望向前方。

"好吧。"女主人说。

医生口袋里的手机响了。她关掉了铃声。"之后还有一些治疗要做。激素注射,还有放疗。"

"那就是她家人的事了。手术可以救她的命?"

"有可能。"

"好。"

"但她的情况比较严重。我们通常会在手术的几个星期后进行放疗,然后……"

"这个你可以和她的家人解释。"

医生走了出去。你的父亲看了你好几次,每次你都会点点头。他非常感激女主人同意支付手术费用。他微笑着眨着眼睛,左右更换着姿势,一次次地向她低头表达谢意,看起来像是在紧张地抽搐。你从孩提时代起就没见过他这样对待他的老板。看到他这样,你心里很不舒服。

但最让你惊讶的还是你母亲的表情。她一直拒绝相信自己不能马上恢复健康这个事实。

"不会疼的,"你悄悄对她说,"他们会让你睡着。"

"我生了你们四个,"她低语道,"我不怕疼。"

你笑了,但只是扬了扬嘴角。看到她的样子,你知道她第一次意识到她的"小病"会要了她的命。

你和你父亲的关系一直很紧张。他不喜欢你留胡子，更不喜欢你加入的那个组织。但之后的日子里，他对你甚是依赖。你和护士或者药师交谈或填表格的时候，他望着你的眼神中充满了敬重。他从来都不是一个多话的人，但在你小的时候，他会用身体语言表达情感。现在他又回到了那个模式。他会拍一拍你的后背，摸摸你的头发。这些小动作让你感觉很好，虽然他的个子已经没你高了。

你母亲在术后回了家。她因为刀口行动不便，但依然像一个受了伤的战士一样勇猛依旧。术后的她身体很虚弱，而且因为取出的甲状腺和淋巴结其实占了她脖子的很大比例，她现在说话都十分困难。这样一来，她等于顷刻间失去了两种武器：身体和舌头。因此有力气的时候她会感到困惑不已，有时候还会生气。

你的家人坚持认为一切都会好起来，无论是否给她做放疗。你假装同意，但心里打算要去找你宿舍的老大借钱。他刚从外面回来。他的行踪一直都是保密的。你走进他房间的时候，他正躺在脏床垫上的一堆袜子中间。

"我需要钱。"你说。

"这个打招呼的方式挺好玩啊,老弟。"

"对不起,我妈病了。"

"你要多少?"

你说出了数字。

"哦。"他轻轻地摸了摸下巴。

"我知道这很多……"

"确实很多。但我觉得我们能帮你。"

"谢谢。"

"你应该把她送到我们的诊所去。"

"我们的诊所?"

"是啊。"他看着你。他应该是想要朝你微笑,但他的脸依然是木然的。有一次他揍了一个人的鼻子后也曾经露出过这样的表情。

"她是在一家私立医院治疗的。那家医院很不错。"

"我们的诊所也很好。她得的什么病？"

"癌症。"

"我打几个电话。看看应该让她去哪儿。我让他们等着你。"

你知道你最好不要和他争辩什么。

每天晚上你都会骑车回家陪你父母，直到他们休息。你不想让他们花钱供你吃住，因此依然住在宿舍，而且你必须要保留组织的会籍才能拿到补助，而且他们会评估你的表现。现在你更需要加倍努力完成工作。你参加聚会，阅读组织的资料，时刻保持警惕，正如组织要求的那样。但你的思绪却一直围绕着你的母亲。

那周的后半周，你再次幸运地发现有几个学生在航天科学大楼后面抽大麻。你告诉了你的老大,跟着他走到了事发地点。你们一边走,他一边高兴地看着树上的几只红顶绿鹦鹉。你怀疑他带了枪。

他和那几个抽烟的人打了招呼。他们一共五个人,而你们只有两个。但他们看上去很惊慌。

"这样不太好,兄弟。"老大说。

"您说什么,先生?"其中一个学生问道。他身材干瘦,留着络腮胡,下巴上还有一撮小胡子,T恤衫上的词表明他是重金属乐迷。

宿舍老大扇了他一巴掌,声音不高不低地说:"这是违禁品。抽大麻会让你变弱。你们是聪明孩子,你们应该明白。"

五个人都使劲点了点头。

你的老大张开了双臂。"不会有下次了吧?"

他们向他做出了保证。

第二天，你的老大告诉了你那个诊所的信息。诊所就在城边，至少是在所谓的城市边缘，虽然从那里到市中心的路就像章鱼爪般曲折。你和你母亲坐着公车到了那里。诊所的楼不高，占地面积和旁边的那座教堂差不多，但没有它高。那里的患者都很穷，诊所里没有私立医院所拥有的电脑设备，也没有空调，墙壁地面当然也没有私立医院那么整洁。

医生快速给你母亲做了检查，看了她的检验结果，摇了摇头。"我们帮不了她。"他对你说。

"你们不治疗癌症？"

"有时会治。会做手术。但我们不做激素治疗或者放疗。"

"那我们应该怎么办？"

"你应该祈祷。这事情不是你能解决的。甲状腺已经摘除了。她可能会没事。"

你母亲一直没说话，虽然她一直希望和专业医生交流。很少有人能让她这样沉静。他们说出的那些听不懂的词汇夺走了她的自信。而作为一个习惯了自信的女人，她讨厌这样的感觉。她希望能反驳，却不知道怎么做。

目前来看，你母亲的情况说不上很好，也说不上很糟。手术的伤口已经愈合了，伤疤颜色渐深并起了褶子，上面盖着纱布。她坚强地忍受着头痛，拒绝承认它的存在，但却无法完全掩饰她所经受的痛苦。有时候她的肌肉也会痉挛，突然的刺痛就像是一群鱼在水下抢食。你在大学的电脑里查到了这些甲状腺激素缺失可能带来的症状。

后来你父亲又去求他的老板帮忙。但那个女主人向他解释说，人生本就是一系列的病痛组成的，她已经成功地帮他妻子保住了性命，而且花了很大代价，但她不可能一直这样帮下去，因为她的钱也不是取之不尽的，有些事都是命中注定的，我们可以挣扎，但最终命运就是命运，所以他和他的家人尽己所能就是最好的，因为这无论如何还是他们自己的责任，他们应该明白，她所付出的帮助已经是超乎常人所想的了。

在之后的几个月里，你母亲经受了超乎寻常的折磨。她的癌症转移到了骨头和肺部。她的外貌和性格也因此改变了许多。她非常恐惧，惊讶于自己对生命的强烈眷恋，也没想到自己曾经期许的骄傲结局可能再也不会到来。因为没有得到现代医护的照料，她死前的日子充满了痛苦。你哥哥在街头毒贩子那里弄到了一些海洛因以减少她的疼痛，你父亲则拿来了女士香烟。她缓缓地、一小口一小口地吸吮着香烟细长的烟嘴。

你姐姐从村里赶来安慰她。无论你母亲还是你姐姐自己，都从来没有意识到她是你母亲的最爱，但到了这个时刻，你母亲自然而然地第一个想到你姐姐，可能因为她是你母亲的第一个孩子，或者是因为她们都是女人，又或者是因为你姐姐是她的孩子中唯一一个已经做了母亲的，在你姐姐身上，你母亲看到了她幼年时就已经离世的母亲的影子。在这一刻，她停止了生命，你姐姐拉着她的手，她如同婴儿从羊水中来到世上，挣扎着想吸入第一口气一般，只不过正相反，她的肺里充满了液体，这一口气也再没有喘上来。

你和家里其他男人把她裹了白布的遗体扛在肩膀上，放进了那个敞开着的泥土坟墓中。她轻得让你惊讶。她从身强体壮到突然的脆弱的变化过程快得令人不可置信。大家撒下了玫瑰花瓣，点燃了蜡烛，祈求神明的庇佑，然后你们依然要回到自己的生活中。

在大学里，你所在的组织劝你不要伤心太久。他们说那样等于是在拒绝命运的安排。他们让你将精力集中在负责的事情上，将你的同伴视为真正的家人，在组织中完成自己的使命，就像你母亲也完成了她的使命一样。但这些建议让你很是反感。由于情绪低落，你对这个组织所提供的食物、衣服和其他物品，以及它所承诺的保护的欲望急剧缩减。

你的老大开始观察你，然后让那些他信任的人也一起观察你。他对你的病态和无精打采以及开会时说的那些有些反讽的话感到非常困扰。你很聪明，从来不去故意惹他，但他依然感觉到了你在他背后对他产生的负面影响。没过多久，他就收集到了足够的证据，准备给你一个严厉的惩罚——鉴于他的脾气，这个惩罚一定痛苦无比。然而当他派手下去找你的时候，你已经消失了。

你父亲因为你母亲的死悲痛欲绝，却拒绝和你姐姐一起回乡下去，也不愿意和你哥哥暂时同住。他依然继续他的工作，早晨去那个女主人家上班，晚上回来。你搬回来和他一起住时，并不想一直这样住下去。但日子一天天过去了，你完全无心回校读书。过了一阵子，你开始出去找工作了。

一个下午，你正在骑车去找工作的路上，突然瞥见一辆等红灯的小轿车里有一张熟悉的脸。你骑近了一些，是的，就是那个漂亮女孩。车里只有她一个人，脸上化着浓妆，应该是刚刚拍摄结束。你笑着挥了挥手,她没看到你;或许看见了,但没有认出你。绿灯亮了。她发动车子离开了。

即便不是当晚,也一定是在那周,你坐在路边理发摊的凳子上,让一个满脸皱纹、染了头发的老翁用一把锋利的剃刀帮你剃掉了胡子。

5
向大师学习

为了提高效率，自助书籍需要具备两种特点：第一，它提出的建议必须是有用的，这是显而易见的；第二，被帮助的人需要对自己想要什么样的帮助有一些基本概念。没有第二点，第一点也就不可能实现。换句话说，在我们的这一场合作中，你必须要了解你自己，知道你想要什么，想去向何方。自助书是双向的，是一种合作关系。因此请诚实地回答以下几个问题：暴富是你的目标吗？是你的全部目标、你人生的终极理想吗？是你内心那条三文鱼将游向的高高在上的、云雾缭绕的产卵池吗？

幸运的是，在你的故事里，它确实是。因为你过去几年来一直在进行下一步：向大师学习。正如很多大企业家所知，很多技能都不能从学校获得。它需要实践，有时候是一生的实践。在赚钱这件事上，没有什么比跟随一个已经饱经世故的成功者学习更可以压缩你从一无所有到坐拥一切的时间了。

这位你匍匐在其脚下的大师是一个长着艺术家般颀长手指的中年男人，耳朵里长出的白毛代表了灵长类动物对致命的鼓膜寄生虫的抵御。他经常微笑，却很少大笑。虽然小臂的皮肤已经松弛，但他的肌肉依然灵活。他拥有几辆二手车，都是不起眼的小车。他经常独自坐在车子的后座上，埋首于报纸。驾驶车子的是一个目光锐利的司机。他自己不会开车，他的财富来得很晚，也很突然，但依然可以和你分享他赚钱的智慧，至少是他的计算能力和对文字的敏感度。

此刻他正坐在工厂的一个没窗户的小房间里。这里曾经是一个艺术装饰工作室，现在被改造成了一个厂房。厂房的外墙和旁边的私人住宅无异。虽然他已经很成功了，但他依然自己打理财务——在你看来，这或许是为了守住他的财富。

你排队等着，口袋被现金和提示小纸条塞得满满——纸条上的字歪扭难辨，好像密码一般。他的会计向你点了点头，示意轮到你了。你把赚到的钱交给了他，口头报告了一下你的详细账目，事实上他们已经都查阅过之前的数据和库存了。

"销售额上升了。"你总结道。

"和其他人一样。"会计不屑一顾。

"但比大多数人上升得都多。"

大师——也就是你的老板——提到了你的一个客户。"上个月你说他不认为金枪鱼有市场。"

你点了点头。"他是这么说的。"

"什么改变了他的看法?"

"我免费给了他几罐罐头。"

"我们可不会免费派发罐头。"

"我自己付的账。"

"哦。然后呢?"

"他把它们卖了。卖得很快。现在他很有信心。"

会计在笔记本电脑中输入了一些数字。负责人看了看结果。他低语了几句,会计从你上交的那沓钱里拿出一小部分交给了你。这是你的报酬,包括了已经定好的工资、一个百分比的提成,还有由老板根据市场浮动和你的表现决定的一笔上下浮动的奖金。你试着通过上交更多的钱来获得更高额度的奖金,也丰富奖金中钞票的面额。你准备迟些再数。

你正准备离开,你老板问你愿不愿意搭他的车。这是一个不太平常的、有些令人担心的要求。你跟着他走到车前,他拿出电话,拨了一个号码,然后示意司机开车。他的保镖从后视镜里仔细地观察着你。

你的老板用一种方言打电话,他没想到你一个城里的孩子居然听得懂。即便他知道,也不会太在乎。他用方言不是为了保护隐私,而是因为这样可以让电话那头的供货商更为放松。你的老板和这个地区的很多小镇都有生意往来,这里应该算是你所在城市的经济枢纽。他变色龙一样的社交能力让他在生意中游刃有余。如果他是个虚荣的人,可能会为此感到骄傲,但他却是个不折不扣的实用主义者。

你沉默地坐在车里,听着你老板谈论着货品出入状况和运输日期。车子来到了城市的边缘,经过了一片中产阶级住宅项目的施工现场。一排排的电线杆立在道路两侧,有一些光秃秃的，有一些则顶着电缆，偶尔会有一两根耷拉在地面上。

你老板挂掉电话后，问你对一个同事的看法。

"我觉得他不错。"你说。

"是最好的吗？"

"最好的之一吧。"

"他偷过我的钱吗？"

每个人都在偷钱，至少是一点儿。但你回答说："他脑子没坏。"

"他今天去哪儿了？"

"我没看见他。"

他哼了一声："你再也看不见他了。"

你老板淡漠的语气仿佛刀刃般锋利。

你尽量保持着镇定。"哦,是,先生。"

"你明白我的意思?"

"明白。"

车子停下了。你老板示意你下车。你走下车,停了一下。你觉得那个保镖应该正望着你的背影。你没有马上走开,双手垂在身体两侧。直到车子驶离,你才转过身来,站在热浪中等待公交车的到来。

在回家的路上,一个身材肥硕的菜农把你挤得紧紧贴在车窗上。看他的样子就知道他应该挺有钱。他家最近把一片地卖给了一个想要扩建仓库的冰箱厂。他戴着一块金表和一枚大金戒指,戒指上面有三颗没有切割过的红宝石,颜色就像是凝固了的血液。他还没有买车,不过显然是指日可待了。

你的城市很大,居民比世界上一半国家的人还多。这里几周内增加的人口甚至等于一个热带岛国的人口总和。这些人不是乘船而来,而是徒步、骑自行车、骑摩托车或是搭公共汽车来到这里的。这里正在建一条封闭式的环路,像一条腰带,围住了城市胀得大大的肚子，一条条坡道蜿蜒起伏，向四面八方延伸开去。你的车在这些建筑的阴影下开了很长时间，这些尘土飞扬的道路桥梁为城市输入了新的血液，但除了巨大的面积之外，这里依然只是新兴亚洲这个庞大躯干中一个微微颤抖的器官而已。

你到家的时候天色已晚。你用肥皂清洗了身子，从不太好用的水龙头里接了一塑料桶的水冲洗完毕，然后穿上了一条黑裤子和一件白衬衫，打好简易领结，带上了一张塑料通行证。这一切都是你的一个在酒席承办公司打工的校友为你准备好的。你既兴奋又紧张，但当你从摩托车后视镜里看到自己的样子时，内心一阵喜悦。你觉得这身行头意味着财富和阶级。

你的校友如约在一家私人俱乐部的服务入口和你碰面。今晚这家俱乐部要在其昂贵的草坪上举办一场时装秀。你们两个人通过了安检门，安检人员穿着制服，拿着一个探测仪在你们身上扫了个遍。你那件白衬衫的领口小了半个码，你每咽一次口水都会觉得脖子疼。不过你完全忽略了身体的不适。你脑子里只有那个漂亮女孩。

你根本挤不到T台一端的凉亭旁边，所以只能等到秀结束以后的派对——午夜将在设计师家举行一场真正的派对。你守候在第二个凉亭附近，旁边是临时的酒吧、餐桌和丝绒沙发。你踱来踱去，左手颤巍巍地端着一盘子饮品——这是你第一次做服务生——期盼她能够出现。

漂亮女孩如今在业内已经拥有了一席之地。这个行业一直抱着一种"少即是多"的身体偏见。她并不是一流的模特，却被很多的摄影师、设计师和其他模特所熟知，很多当地报纸的读者也都会在周末刊物的画页里看到她的图片，而你因为如饥似渴地想见到她，也成为了这些读者中的一员。她目前的收入已经可以负担一套公寓、一辆不错的轿车，还有一个住在家里的用人为她做饭。这相当于一个和她同龄的零售商的收入，等于你薪水的两倍，而且还没有算上那些追求者送给她的价格昂贵的礼物。

她和一个男人一起走了进来。那是一个大纺织商的儿子，他很英俊，稚嫩而缺乏安全感。她小心翼翼地避免滑倒，同时还努力让下巴的角度和地板保持平行，这样的姿势让她显出了一种这个年代最流行的冷艳气质。

你不知道如何才能引起她的注意，有一刻你几乎已经感到绝望了。这次冒险简直愚蠢之至，是必然会失败的。但她和以前一样机警，虽然表情并没有变化，但她已经感受到了一个不合时宜的二十几岁男孩儿在某个地方盯着她看,他的身上有一种似曾相识的东西。她马上望向了你,然后离开了她身边那个男士,向你走了过来。

"是你吗?"她问。

你点了点头,感觉已经大汗淋漓。她的身体向你靠过来,拥抱了你。这是公众场所,但你已经陶醉了。和她的接触让你回忆起那个屋顶上的月夜。当她在几百个人面前亲吻你的脸颊时,你甚至怀疑她是否依然属于你。

"简直不可置信。"她说。

"确实如此。"

"你现在做服务生?"

"什么?哦,不是,这是我借来的。"

她笑了。

"我在做生意。"你解释说。

"听上去很神秘啊。"

"其实是做销售。我赚了很多钱。"

"真好。"

她巡视了一周。你们都想好好聊一会儿天,但在大庭广众之下一个模特和一个服务生交谈是很少见的事,而且你手上的托盘马上就要掉了。漂亮女孩并不觉得不好意思,但她知道你们之间存在着很大的阶级差异,而这种差异显然在她同事和客户的脑海中已经开始形成了。

"这边,"她说,"把盘子放下,跟我走。"

她把你领到那个主要的亭子旁,经过那条已经没用的T台,穿过后台大门,向那个挡住你的保安摇了摇头。她跟几个所谓时尚圈内的人打了个招呼,除了他们之外,夜空下就只有你们两个人了。一阵潮湿的热风混着香水的味道掀动着你们的衣角。她点了一支烟,看着你。

"你长大了。"她说。

"你也是。"

"你还看电影吗?"

"没那么多了。偶尔吧。"

"我上瘾了。我每天晚上都是在DVD前睡着的。"

"每天晚上?"

她抬了抬眉毛,笑了。"也不是每天。但经常。当我一个人的时候。"

"我和我父亲住。应该说是他跟我住。但我已经买房子了。"

"你结婚了吗?"

"没有。你呢?"

她笑了。"没有。不过我可能不是男人会娶回家的那种类型。"

"我会娶你。"

"你真逗。我的意思是我不是男人应该娶的类型。"

"为什么？"

"因为我善变。"

"每个人都会变。"

"我是主动在变。"

"我知道。你想离开我们以前的那个环境，然后你就离开了。现在你出名了。"

"你呢？"

"我想赚钱。"

她又笑了。"容易吗？"

"容易。"

"是吗?那等你赚到钱要告诉我。"

"我会的。但我没有你的电话了。"

她告诉了你她的号码,你拨通后等她的手机响了两声,然后挂断存下她的名字。她的烟快燃尽了。

"我要进去了。"她说。

"我会打给你的。"

"我知道。保重。"

她又在你脸颊上吻了一下,用手轻轻拍了拍你的后背。你感到她的乳房压在了你的胸口上。然后她就离开了。

漂亮女孩回到她那个世界时,发现你的出现让她没有之前那样泰然自若了。你就像是一段活着的记忆,而对于拒绝回忆的她来说,你的出现让她不安。你说话的方式虽然在这十几年中有了一些变化，但依然会让她看到自己曾经说话的那种韵律，不只如此，曾经的思维方式、观点角度、她曾经所属于的那个环境，那个她一旦离开便再也不想返回的环境，都再次出现在了她的脑海中。她希望自己能把注意力集中在她的同伴——那个纺织商公子身上，但她的大脑突然一片模糊，仿佛自己并不置身于此时此地。她刻意地缓了缓神，头脑才清醒了一些。

你当晚就给她打了电话，但她并没有接。第二天也是同样的结果。周末的时候你终于联络到了她，但她当时正准备去拍摄，有些心不在焉。后来你偶尔能和她说上几句，但只要提出见面，她就会说她有事。你有些困惑，想找到一个见到她的方法。你不太了解女人，但你了解销售。在这种情况下，你需要让你的客户主动找你，否则你的产品会显得一文不值。所以你决定等待。她真的打来了。但一个月都未必打一次。但有时候，在她看完一部电影之后，她会带着睡意和你通话，有时甚至是带着醉意。或许是因为躺在床上，她的声音非常轻柔。她没有邀请过你去她那里，也没有约你在别的地方见面，但她保持着和你的联络，这虽然让你感到痛苦，却依然留下了希望。

在工作中，你开始争夺你之前那个同事的客户。有一个潜在客户拒绝了你，但你一直将不屈不挠作为宗旨，下一季度又去见了他。那个人在一个之前非常抢手的居民区拥有一个商铺，那边有一片著名的墓地，不过现在白天被熙熙攘攘的交通人流包围，晚上则被烟草的味道包围。

你骑着摩托斜背着挎包来到他的铺子前。你的目标正坐在收银台后面。

"我没兴趣。"他说。

"您之前有兴趣啊。"

"你同事哪儿去了？"

"我现在负责他的客户。"

"我不相信他。"

"所以你现在应该高兴啊。"

"我也不相信你。"

他的一个店员把一摞麦片碰到了地上。他朝他大吼了一通。你看了看货架。上面杂乱无章地摆着一些进口的和国产的商品,主要是食品,还有一些清洁用品、电灯泡、香烟和两部空调。

你指了指那两部空调。"你也卖这个?"

"二手的。有人想要。"

你打开背包,把十几个瓶瓶罐罐逐一放在了他桌上。"金枪鱼、汤、橄榄、豆酱、番茄酱、荔枝汁。都是进口的。"

"我有这些。"

"我知道。所以我才给你看。你之前进货价是多少?"

他嫌恶地看着你。"你告诉我,你的为什么便宜?"

"我们公司大。"

他不屑一顾地哼了一声。"你们?是嘛。"

"我们老板人脉广。他进货不缴税。"

"每个人都这么说。"

"有便宜货你都不想要？"

"来历不明的便宜我不想占。"

"又不是偷的。"

"我不信。"

"真不是偷的。"

"你以为我聋吗？"他向地上吐了一口吐沫，"出去。"

"没理由……"

"滚，小兔崽子。"

你盯着他，看着他的大肚子和薄嘴唇，还有他不堪一击的手腕。但你知道他的右拳就在桌子下面。你知道店员都在注意你们的动向，他的助手正在门口往这边偷看，外面的路人也停下了脚步。在这样的情况下，人们很快就会聚集起来。而人群可能非常残暴。你站在那里愣了一会儿，然后压住了怒气，把那些罐头收进了背包里，一言不发地离开了。

"我知道你们搞的什么鬼！"他在你背后嚷道。

你回去的时候尽量不去想这件事。今天的天空尘土飞扬。你们的成本低是因为老板低价购入了很多过期产品，把生产日期涂掉之后印上了新的日期。这并不像听起来那么简单，整个过程中有很多要非常小心的地方，要小心翼翼地去掉上面的墨水痕迹，重新印刷时也要注意各种细节。商品的食用期限有安全余量，而且这个城市的存货周转率也高得超乎寻常，因此你们这样做的风险是有限的。你只是提升了市场的效率，通过较低的价格确保可以将本可能被浪费掉的商品出售出去。你从来没听到哪些人因为吃了这些食物死掉。

你工作的地点离你父亲的居所很远。但无论多么潦倒，你都不愿意过他那样的生活，无论是他年轻力壮在雇主家帮佣的时光，还是现在在厨房站上一个小时就会精疲力竭的日子。你父亲在给一对从国外回来的夫妇做饭。这对夫妇不喜欢让帮佣住在家里，因此他每隔一天早晨都要一瘸一拐地在他们出门前过去，帮他们准备好两天的晚餐，放进冰箱里，中午再搭公交车离开,利用下午和第二天休息的时间恢复一下体力。

你们搬进了一套大一些的房子。你告诉你父亲他没必要再出去赚钱了。但他不希望成为你的负担。无论如何他都觉得工作是一个男人的常态。如果可以的话,他愿意再多干点儿活,但显然他现在已经是心有余而力不足了。

你父亲可以说彻底伤透了心,无论是字面上还是比喻意义上。他非常想念你母亲,甚至比她活着的时候更加思念她。而他的基因和几十年来在有钱人家高胆固醇的烹调习惯给他带来了心绞痛。眼下他的肌肉组织已经不可修复了,阵痛是短暂的,但胸口的压力和呼吸困难却无法避免。

他非常虔诚,虔诚得有些古怪。他每天都会祷告,会去圣地拜访,听宗教音乐,抄写经文并作为护身符随身携带。这些做法会让他感到踏实。他害怕死亡,但并没有到恐惧的地步。他甚至有些期待有一天可以和他的爱人重聚,就像是年轻的女孩子带着害怕和不安,等待着失去处女之身的那一天。

你看到你父亲躺在他的小床上,听着收音机里播放的一段神圣的宗教音乐。音乐的声音很小,因为电池快没电了。天气很热,但他依然盖着一条毯子,额头上有一层汗珠。你给他倒了一杯水,坐在了他身旁。他拍了拍你的手,他的手上都是老茧,却依然柔软。他低吟了一句祷告的话,伴随着肺部的收缩,把它呼到空气中,散布了对你的祝福。

6

为你自己工作

和其他所有书一样，这本自助书也是一个协同创新的项目。当你在看一个电视节目或一部电影的时候，你所看到的就是它表面上所呈现的。一个男人看上去就是一个男人，一个肌肉男看上去就是一个肌肉男，一个文着"妈妈"字样刺青的肌肉男看上去就是一个文着"妈妈"字样的肌肉男。

但读书的时候，你看到的是白纸上弯曲的字体，或是屏幕上像素点组成的符号。要把这些字体或符号转化成具体的人物事件，必须通过你的想象。而你想象的时候，其实也是一个创造的过程。在被阅读的时候，书才真正成为了书，而在一百万读者面前，一本书则变成了一百万本书，如同一个卵子在与百万个精子结合后会变成一百万个不同的人一样。

读者不是为作者服务的。他们只为自己服务。抛开偏见不谈，不同的读者带来了阅读的丰富性，也带来了其他方面的丰富性。因为如果，就像我们所假设的一样，你真的希望在新兴的亚洲富得流油，就像我们所假设的那样，有朝一日你总需要为自己工作。劳动的果实是甜美的，但它们不会让你变得丰满。不要分享你的果实，而且在可能的情况下还要拒绝他人的劳动果实。

你开了一家小公司，属于银行家和政策制定者口中的中小型企业。你在之前和你父亲一起租的那套两居室里运营你的公司。你父亲生前，这套两居室已经算是奢侈品了，如果不拿来开公司，如今这里对你来说实在是浪费。一个人的生活让你陷入了绝对的寂静中，这种感觉如同在海上多年的水手突然回到了陆地。

天就要亮了。你一个人坐在你父母曾经睡过的床边，听着邻居家笼子里的公鸡声嘶力竭地鸣叫，想从脑海中擦掉曾经的那些梦境。你在一个墙上贴着各种软饮商标的小铺子里吃早餐，用手抓着盘子里的鹰嘴豆吃。你旁边的那些男人都认识你，点头和你问好，但你不想和任何人聊天。毫无意义。你的脑子里想的是之后的工作，一边嚼着食物一边思考，甚至都没有注意到旁边拴着的那只漂白了额毛的公羊和在战斗中受伤的寻求安慰的长脚甲虫。

你利用以前在过期罐头公司里认识的那些零售商人脉进入了瓶装水生意圈。你所在城市的自来水管道已经开始开裂了，地下水受到了污染，虽然大部分的用水依然清澈无味，但饮用后会引起腹泻、肝炎、痢疾和伤寒。那些没钱的人只能通过反复饮用来加强自己的免疫系统，但有时候依然要承受严重的后果，尤其是妇女和儿童的反应更为强烈。有钱的人则转而饮用瓶装水。你和你的两个雇员则如饥似渴地寻找着有此类需求的客户。

你前面的那间屋子被改造成了办公室兼仓库。那里有一条管道引入自来水，通过一套辅助泵把水从外面压进来，蓝色的储水罐就像一只小河马那么大，再加上一个金属的水龙头，一个有盖子的水壶，还有一个烧开水用的小煤气灶——基本上五分钟就可以烧开一壶水，一个自来水龙头过滤嘴，一堆从饭店回收来的矿泉水瓶，还有两部可以安装瓶盖的和透明安全包装的简单机器，它们协助你生产你的伪劣产品。

你探过身去，你的技术人员正在做一项测试。

"太臭了。"你说。

他耸了耸肩。"是煤气味儿。"

"这会让我们的水闻着像尾气。"

他关小了火。"现在呢?"

"烟太大了。关了吧。"

你看了看他借来的那台可移动的煤气炉:陈旧的铜炉看上去就像是一个圆圆的炮台座。因为没有天然气,你的生意又遇到了瓶颈。汽油如果能用,至少可以暂时解决你的问题,但显然这条路走不通。你边思考边玩弄着脖子上的那条细绳,把弄着绳子上挂着的卧室钥匙。你的卧室里藏着你客户的名单,一小沓现金,还有一把没登记过的左轮手枪。

你的技术人员挠了挠他的腋窝:"要不我们今天就别烧了吧。"

"不行。我们不烧开就不能卖。"你知道对假货来说,质量更加重要。如果商店的顾客喝水后生了病,以后你就没有生意了。

技术人员没有质疑你的决定。他曾经是个自行车修理工,并没有受过正规的商业训练，这也是他为你工作的原因之一。而且他有三个女儿，父亲是个砖匠，刚因为冬天在户外睡着而去世。他需要稳定的收入。

如果你的技术人员建议你再重新思考，你会一言不发，让他自己感到不舒服，以抬头望向你的眼睛。此时你会直接和他对视，用强硬的神情让他屈服，望向地面，弯曲脊背，在狗的世界里，这意味着服从——不过你当然不会去嗅他的肛门或检查他的生殖器。

你的助手回来了，向你们宣布了一个好消息：附近有个地方一小时后可以帮你们充煤气罐。他还带回来一些食物：用报纸包着的炸面包。你们三个人就像兄弟一样边吃饭边聊天。事实上这两个人确实和你有某种血缘关系，是你的远亲。不过当你让他们快点儿吃的时候，他们必须服从。

饭后你们到煤气站排队。你的交通工具是一辆比你年龄还大的小卡车。后面拖车的挡板已经因为多年的风吹雨打而穿了洞，但它噪声巨大的二冲程发动机已经翻新过了，还是比较可靠的。刚到十字路口，你的手机响了。看到来电显示的号码，你赶紧停到路边，熄了火，接听了电话。

"有时间吃晚饭吗？"漂亮女孩问。

她的声音一下戳中了你的要害，让周遭的一切都显得没有那么重要了。

"有。"你说。

"你也不问问哪天？"

"哦，哪天？"

"今晚。"

你笑了，同时也听见了她的笑声。"哦，知道了。"

"我在城里，你可以到我的酒店来。"

那天晚上你理了发，理发师说这个发型现在很流行，很适合像你这么帅的男人。你在一家门口停满了豪车的店里买了一条非常昂贵的牛仔裤和一件尼龙夹克衫，后面写着"男色可餐"。回家后，你发现裤子太短了，又马上回到店里去换。店员看了你一眼，边在网上聊天边拒绝了你，因为商标已经剪掉了。

你决定无论如何还是穿这条裤子去赴约。你没系最上面的扣子，用皮带把它盖在下面，把裤腰穿在臀部的位置。因为太紧，你小腹上的肉被勒到了皮带上方。你开始后悔买了这条裤子。用十四天赚的钱换了两件衣服，看来实在不太值得。但你要迟到了，必须快一点儿出发。

她住在城里最豪华的酒店。酒店的旧厢房目前正关闭重修，因为之前的一起卡车爆炸案炸碎了窗户，导致室内起火；不过它离主干道较远的新厢房已经重新粉刷，正式开门迎客了。

那次卡车爆炸案后，这家酒店已经成为政客和外交官经常会晤的地方，大门前那座顶着蓝色标牌的高桥让酒店成为了国际商业链条的前哨，因此政府决定让城市回撤，在城市人口不会过密的前提下让酒店自成一座小岛。曾经的两条交通要道被酒店吞并了，外围围上了一圈水泥柱，水泥柱之间是与腰部等高的铁栅栏，防止车辆入内，看上去就像是某个巨人的孩子玩具房里的千斤顶。酒店里面的小路上一道道大门戒备森严，减速带、地面安装的中央监控装置也是一应俱全。

这座城堡式的酒店周围，交通缓慢拥堵。自行车、摩托车、三轮摩托车和汽车司机费尽心思穿梭前行，时而急刹，时而鸣笛，时而摇下车窗咒骂两句。这里经常会有大人物出行，经常交通管制，所以经常会看到司机们麻木、沮丧甚至有些愤怒的表情。你跟随着车流来到了第一个检查点。

保安看了看你的车，问你想干什么。

"我想进去。"你说。

"你？进去干吗？"

"我约了人吃晚饭。"

"是嘛。"

他打给了他的上司。一辆豪华的双轮马车闪着红灯缓缓驶来，看上去就像是某个议员、护民官或是百夫长的坐骑。那个负责人让你走开。他看上去比你年轻，也比你瘦小。但你并没有发作，吞下了你的骄傲，仿佛被人用枪指着脑袋一样向他求情。负责人在打给那个漂亮女孩后，对你的机车进行了严格的安全检查，终于还是放你进去了。但你必须把车放在后院的停车场，然后步行进入酒店的院子。

据说这里的外国女人会半裸着游泳，酒吧里有进口酒。但你走进来却发现这儿和你听说的不太一样，可能是因为你只走到了大堂，也可能是因为你的注意力都在漂亮女孩一个人身上。她穿着高跟鞋走到你面前，带着一个浅浅的微笑，头发几乎和你一样短。

对你的城市来说，她只是一个旅客。好几年前她就搬去了海边的一个更大的城市。她的模特生涯已经进入了平稳期，或者说得更积极一点，是已经达到了顶峰。虽然酬劳一直很高，但她的工作量却在锐减。所以她准备开始转型拍电视剧，成为了一个小演员，大多数时间是在戏剧和喜剧中扮演一些无足轻重的角色。通常来说，她自己很难负担这间酒店的费用，但爆炸案后这里的入住率非常低，因此她得到了半价优惠。

她吻了吻你的面颊，带你来到了餐厅。她发现你穿的那套有些夸张的新衣服让你很不自在，但相反的是，在她面前你已经不会再局促不安，你的身上多了几分成熟和自信，当然也多了几磅体重和几缕灰发。对她来说，你不再是一个男孩子，而是一个男人了。当然她并不知道，你的双眼是因为她的出现才会如此熠熠发光。

餐厅领班认出了她，聪明地帮你们选了一个位置：表面上好像很隐蔽，但事实上又让其他客人可以看到她。漂亮女孩开心地向他点了点头，他帮你打开餐巾铺在腿上，然后微微鞠躬，将她的餐巾递给了她，而不是鲁莽地帮她铺好。

"你看上去很不错。"她说。

"你也是。"

她确实是。在阳光下，你总觉得无法直视她的脸庞，但今晚你鼓起勇气不让目光四处游移，让眼神既不会直勾勾地瞪视她，也不会左右摇摆。你面前的她并没怎么变过：并非她的脸上全无岁月的痕迹——你们上次见面已经是很多年前的事，但你眼中的她并不是一个完全客观的形象。

今晚她穿了一件绑带小背心，露出了她漂亮的锁骨，也凸显了她肋骨的线条；她手臂上戴了一只桃花木手镯。她的提包上面盖了一条丝巾。她伸手从包里掏出了一瓶红酒，开瓶子的声音就像是揪断了一根稻草。你注意到她脸上闪过了一丝犹疑，不过马上就消失了。

"你以前来过这儿吗？"她问道。

"没有。这是第一次。"

她笑了。"感觉怎么样？"

"不可思议。"

"我还记得我第一次来的那天。当时我觉得餐刀好重，怀疑是银子做的，还偷走了一把。"

"是银的吗？"

她大笑了起来。"不是。"

"你还看过什么一般人看不到的东西吗？"

她顿了顿，你问这个问题的立场让她有些错愕，那是她已经遗忘已久的卑微位置。

"雪。"她微笑着说。

"你看到过雪?"

"在山区里面。非常神奇。就像是冰碾成的粉末。"

"就像电冰箱里的那些东西?"

"嗯,地面上的雪就是那样的。但没落地前,雪就像是羽毛。"

"是软的吗?"

"是的。但会化成水。在雪地里走其实很难受。"

你想象着她在山谷里漫步的样子,远处是一座神秘的城堡。餐厅领班回来了,用一块印了条纹的布缠在你们的酒瓶上,只露出了瓶颈。

"你怎么样?"她边问边帮你倒了一杯酒,"你在做什么生意?"

"瓶装水。"

"送水？"

"也送。但主要是生产。"

"怎么生产？"

你简要地向她讲述了你们的生产过程，但隐去了很多细节，比如天然气短缺或水压不够以至于你无法装满你的水罐，等等。

"真聪明。"她摇了摇头，"人们真的会买吗？也就是说你和那些大公司没什么区别？"

"差不多吧。"

"你真是个天才。"

"哪里。"你笑了。

"上学的时候大家都说你是天才。"

"你又没有在学校读很久。"

"我读得够久了。"

你喝了口酒。"你和其他人还有联络吗?"

"没有。"

"和你父母也没有吗?"

"没有。他们去世了。"

"我知道。我的父母也去世了。我的意思是以前。"

"联系得不多。主要是他们找我,在我开始演电视以后。还有一些亲戚。大部分是要钱。"

"所以我是你唯一的老朋友了?"

"是。"她用手指拍了拍你的手背。

你之前只喝过两次酒,而且从来没有喝醉过,所以这种潮热而放松的感觉对你来说是全新的。你们边吃东西边聊天,偶尔声音过大,甚至打扰到了其他客人。酒后的温暖拉近了你们的距离。但晚饭结束得太快了,酒也已经喝完了。你正在担心这个愉快的夜晚就要结束,她突然问你:"我房间里还有一瓶酒,要上来吗?"

"好。"

她告诉了你她的房号,让你过几分钟再上去。你并不太清楚怎么上去,也不敢去问保安,怕他怀疑你动机不纯。不过无论如何你应该要搭电梯才能上去。你顺着大堂的标志走到电梯间。她打开门,把你拉进房间,紧紧地吻住了你。

"我没有酒了。"她说。

"没关系。"

你抱着她,环着这个熟悉又陌生的女人,感受她的呼吸,品味着她发出声音的地方。你脱掉了她的衣服,抚摸着她,抚摸她臀部的曲线,轻捏她的下巴。你的手掌滑过她的胯部。不,你们不是陌生人。你终于到了你想去的地方,所以要久久徘徊。

你们之间的性像是一种犯罪，这反而激发了她的欲望，虽然她脑子里藏了很多东西，很难集中精神。对她来说，你如同一阵来自故乡的风——比如你身上的汗味，会让她的思绪回到很久以前。在她眼中，故乡是痛苦，是残忍，这让她向你发出了一种惩罚性的信号。但你并没能理解，因此也没有反馈。

她正在经历一个脆弱的时期。她的事业遭遇了瓶颈，去年她第一次经历了年收入锐减。她意识到自己的未来摇摇欲坠，说不定她会孤独、贫穷地终此一生，一个人住在一间屋子里，每过几个月买一次米面粮油；如果幸运一点儿，她可能会嫁给一个自小就在父亲的公司玩闹，开着欧洲豪车在派对上乱交女朋友，没人的时候偷偷哭鼻子的败家瘾君子。

她一丝不挂地躺在你身边，地上扔着你们刚刚用完的安全套。她一只手拿着香烟，另一只手温柔地抚摸着你的头发。你打了一会儿盹。不过她并没有让你留宿。你问她什么时候才能再见。她很坦率地告诉你她也不确定。你表示希望能尽早见到她，她没有回答。后来她自己又回到床上，回味着你们紧紧相拥时的感觉。她幻想着和你在一起会是什么样，你是否能和她在那个海边大城市的同事和熟人相处融洽。她闭上眼睛深深地吸了一口香烟，想知道自己能否有朝一日不再排斥和一个男人永远在一起。

你开车离开了酒店,既开心又害怕。但那个周末占据你内心的最主要的感受其实是恐惧。你带你的侄子们去了动物园。他们几个月来一直盼着和他们"有钱"的叔叔一起出去玩,因为他们可以坐你的卡车,吃你买来的糖果。事实上你也非常期待他们的陪伴。接他们的时候你有些喉咙发紧,所以并没怎么说话,让他们自己聊天。后来到动物园看狮子老虎的时候,你开始放松下来,等到带他们去骑骆驼,你终于可以自然地和他们交谈了。

你送他们回去的时候,你哥哥和你握了握手。你把一些钱藏在手里递给了他。以前他很介意接受你这个弟弟的施舍,但现在已经习以为常了。如今他不再向你唠叨在这个物价飞涨的年代当几个孩子的父亲有多么艰难,虽然这确实是一个不争的事实。

他坐在屋顶,边询问你的近况,边轻轻地吸了几口手上的香烟。那晚,天空中升起了晚霞,无数个建筑工地的灰尘弥漫在空气里,随风四处飘舞。和往常一样,你哥哥催你赶紧结婚。

"我的生意很忙,"你说,"我一个人挺好。"

"谁也不能一个人。"

你们的话题转到了你姐姐身上。你哥哥最近回了一趟村里，看到你姐姐老得很快。你并不吃惊，虽然她只比你大几岁。你知道农村的生活会让人很快老去。他说你姐姐经常抱怨，不过幸运的是她丈夫很怕她，所以她的生活也不会太差。她希望你能帮她弄一些砖头，因为她的院墙老是被水冲塌。你说你会想办法。

几星期过去了，漂亮女孩没打过来。你既感到惊讶，又觉得似乎理所当然：这是可以预见的，但你依然给自己留有希望。她终有一日会打过来，但你已经不想再猜是哪一天了。

这段时间你做出了一个重要的决定。你攒了一些钱，本想用这些钱买房产债券，虽然不是彻底拥有——那实在太贵了，但至少你近几年可以不需要交房租，之后你的房东还要将本金退还给你。这样的安排对于那些收入一般的人来说很有好处，在债券生效的期限内保证了他们对房屋的所有权。

在厨师、送货员和小销售的世界里——也就是你一直所在的世界里，房产债券是人生旅程中的一个驿站。但现在你已经当老板了，成为了一个"企业家"，在一个雾气浓重的午后，你路过城边的一条小路时看到了一个土地出租广告。那里曾经是一片农场，现在只有一个破棚子和一口管井，而且这口井依然可以用。你突然想到可以在这里扩大你的瓶装水生意。这项投资可能比较冒险，因为你毕竟用上了所有积蓄，如果生意失败，你可能连个住的地方都没有了。但没有风险就没有回报，而且你已经明白，如果没有钱，你所梦想的家不过就是海市蜃楼。

那晚，在签完租约后，你躺在你父母曾经睡过的床上，等待疲倦帮你入眠。你旁边的手机一声不响。你心不在焉地看电视上一场接一场的脱口秀，意识到他们表现出的愤怒其实把政治变成了一场游戏，与其说是引起大家对政治的关注，不如说在分散观众们的注意力。但这对你来说是件好事。你需要有些东西来消遣。

7

做好使用暴力的准备

虽然不是一件光彩的事，但我们必须承认自助书籍最终还是会谈到暴力的问题。暴富要求内心不能太过敏感，无论是在新兴的亚洲还是在其他地方都是一样。因为财富源自资本，资本来自劳动力，而劳动力则来自卡路里的消耗，来自天生的、内在的贫穷和身体机器的贫瘠，当你希望放松你经济状况的腰带时，这种贫瘠会让身体屈从于你的意愿。

此刻，烟雾和催泪瓦斯混合在一起，在一条商业街道的上空盘旋。你脖子上围着一条泡过醋的围巾，以过滤外面的污浊空气。暴乱结束了，但只是暂时的，一群群警察跑出来抓捕流浪汉。你旁边都是玻璃和橡胶碎片，散落在城市平滑的水泥地面上。

你要去的那栋楼遭遇了爆炸袭击。殖民时期的建筑外墙被烟熏成了黑色。楼宇结构和内饰并没有遭到太大破坏。但这并不是你最关心的。困扰你的是倒在你正前方的那辆运货卡车，发动机和车底盘都着了火，完全报废了。灭火器也起不到什么作用。你向你的技术工人招了招手，示意他回来。

回去的路上，你感到嘴里发黏。你打开车窗，深深地清了一下嗓子，吐了口痰。你的办公室在城市郊区，紧挨着工厂和库房。不久前这里还只是农田，现在已经变成车水马龙的街道。没有详细规划的结果是店铺丛生，有便利超市、自助车库、金属配件店、没执照的教育机构、夜里才开门的牙科诊所、手机修理铺，还有一些不抗震——甚至连大雨都很难承受——的棚户。

这个地区生活着一些近年来搬过来的人，有一些人原本出生在城市，但为生活所迫搬到了这个区域，另外就是一些来寻求财富的外地人。每天都会有一些新来的人口，仿佛难民一般，再不想回去。你公司的核心部门就建在这里。窗外的城市对发展的无止境的渴望让你茁壮成长，地下水源源不断地从管道流进你的储水箱里。瓶装水看来是个赚钱的买卖。

你的公司表面上虽然和隔壁的两层窄楼没什么区别，但窗户上安的是能反光的金色玻璃，这是你自己选的，确实很有效果。走进那栋小楼，看着你的员工努力工作的样子，再经过你亲手建造的楼后的库房，你感到一种企业家的自豪感。但今天，你的骄傲中带有一丝忧虑，因为你最新添置的运输卡车报废了。

你把会计叫进办公室，关上了门。透过茶色玻璃，你看到一辆超载的公共汽车穿过一堆电话线。街上越来越热闹了。

"有多糟？"会计低声问。

"完全报废了。"

"没救了？"

你忍住没说脏话。"我得想办法买辆新车。我们的钱够发工资吗？"

"我们现金够用。"

你会计的右脸因为中风而瘫痪了。他并不能算是一个真正的会计，但这对你来说也无所谓。你贿赂了税务部门的人——在这里这算是一种不成文的规矩，你那些篡改过的账本仅仅算是协商的开始而已。对你来说，最重要的是他对数字很熟悉，他在城里最有名的会计师事务所当了几十年的办事员。

你的会计怀疑自己命不久矣。他的面容已经僵硬，这会让他想起他父亲死后还没完全埋进土里时的样子。他经常会担心自己的脑血管突然爆裂，血液喷射而出，刺痛得如脚上突然扎了一根刺。但面对命运他总还是泰然处之。他的儿子已经找到了工作，女儿嫁给了你，一个拥有一定财产、前途无可限量的同族小伙。他完成了一个父亲最重要的任务。虽然年轻时我们总认为还有机会，但他已经能接受时光不走回头路这个事实。

你本身就有很多事做，所以很晚才离开办公室，当然你也觉得这对提高员工士气有好处。一弯新月低低地悬挂在夜空中，两只狐蝠从你头顶飞过，翅膀发出了"啪啪"的震动声。你开车沿着老路前行，听着收音机播放的音乐。

在一个路口，一个骑摩托的卷发男孩儿敲了敲你的车窗。你摇下窗户，他突然拿出一把手枪指着你的脸。

"下车。"他说。

你照他说的做了。他把你带到路边，让你趴在地上。路上车来车往，却没有一个人注意到这里发生的事。地上泥土的味道充满了你的鼻孔。他用枪口顶着你的脖子,用力地摇来摇去,前面坚硬的金属几乎嵌入了你的皮肤甚至骨头里。

"你这个混蛋,"他的声调很高,听上去好像还没有变声,"你也不看看你是在跟谁打交道?"

你动了动嘴唇,却没发出任何声音。你感到一种黏稠的东西掉在了你的头皮上,没有温度,像血一样浓。

"这只是警告,狗娘养的。你只有一次机会。弄清楚你自己是谁。"

他骑上摩托离开了。直到他彻底消失,你才站起来。你脊柱酸痛,车门没有关,车子都没有熄火。你打开储物箱,里面放着你的左轮手枪。没用。

你刚刚收到的最后通牒来自一个富商。这座城市很多的产业都属于他。这个人拥有一家瓶装水厂,也就是你的竞争对手。你的工厂就在他的地盘上。他势力很大,而且人脉广阔。所以你其实是害怕的,不仅是害怕,你感到很愤怒,愤怒得咬牙切齿,开车的时候浑身发抖。你尽力压抑着内心的恐惧,发誓要让那个恶棍尝尝你的厉害。

但如何报复,你并没有想清楚。

你停在了家门口——你在一个还未完全修建完毕的中等价位社区购置了一套联排别墅。这里有十二排建筑,包含了四种不同的房型。街上的树木还很幼嫩,旁边用木头支撑,防止被风刮倒。你妻子打开门,看到你的样子,吃惊地询问究竟发生了什么事。你说没什么,可能是吃了有问题的东西。当晚她听到你在卫生间呕吐。

你妻子刚刚20岁,年龄还不到你的一半。她认为自己嫁得很明智,虽然年龄相差很远,但你们的年龄差其实和她父母之间的差距刚好一样。她童年的生活要比你优渥,但比起现在还是有差距的。她觉得她值得这样的婚姻,因为她一直以来都是公认的美人。在包办婚姻里,美貌通常需要用财富来交换。

作为答应你和你的会计所定下的这门婚姻的条件,她提出她必须完成大学教育,她读的是法学院,因此需要的时间要长一些;其次她在学习期间不能生孩子。她提出这两个要求一方面是因为这是她重视的事情,另一方面也是想确定她在婚姻中的权利。你同意了,也一直尊重她的决定。

在协商的过程中她其实也是在测试你的欲望。对于这一点，她现在不太确定了。刚结婚的时候，你们基本上每天或隔天就会做一次爱，但很快就减少到两周一次。她认为这是因为你已经40多岁了，虽然最初你在性上的热情其实已经驳斥了她的理论。但尽管如此，她对你依然充满了期待，相信你会对她重燃爱火，虽然不知道你何时肯花时间这样做。

你结婚前曾给漂亮女孩发过一条信息。她很吃惊，因为这些年来你们并没有怎么交流过。她这才意识到自己潜意识里一直认为你会等她，但每每想到你，她也没有具体计划过什么时候会像那晚一样再和你见面。所以她突然十分悲伤。当然，她还是给你回了祝福的短信。和往常一样，她尽最大努力控制了自己的情绪，投入到工作中。

一个厨艺节目带给了漂亮女孩很大的成功。值得一提的是她基本上不太会烹饪。但她装扮成了一个时髦而火辣的美厨娘，烹得一手热辣街头美味，再借助儿时的方言土语和助手的厨艺赢得了观众的喜爱，也赚得盆满钵满。

她独自一人住在一栋离海不远的极简风格小别墅里，在经历了事业的瓶颈之后又开始了收入丰厚的生活。她不必再像之前那样恐惧回归贫穷。她明白自己的名气是建立在美貌的基础之上的,而且她非常清楚人的容貌会受到岁月的侵蚀。但她相信,总会有一些方式来改变她名气的基础,事实上发展到了某一个层次,名气就像是云朵,可以变成自己的基础,自己翻滚起舞,浮游在高处。没有婚姻的约束,她更可以全力以赴地奔向这样一个目标,不断地进行宣传炒作,将时间更多地花在那些可以延续她未来的人——也就是她的观众——身上。

你妻子就是她的观众之一。她觉得漂亮女孩可爱有趣,像一个酷酷的阿姨,而且她的菜谱既简单又美味。所以你经常会看到漂亮女孩在客厅里和你太太说话,她们的眼睛望着彼此。而当你言语粗鲁地要求你太太换台时,她总是微笑着从命。在她看来,这只是因为大男子主义的你对这些厨艺节目毫无兴趣。

你没有告诉你太太你被持枪威胁的事,但你要求当地一个帮派的头目和你见面——你和其他一些商人会交给他保护费。你之前并没有见过他,但你希望他作为同一个帮派的成员能答应见你一面。他也没让你等太久。

见面的地点并没有什么特别,除了门外站了两个拿着来复枪的保镖。帮派头领坐在一块地毯上,旁边吹着电扇。他站起身,和你握了握手,你看到他手上贴着胶布,伤口已经痊愈,但少了两根手指。他用赞许的目光看着你。你坐在他身边,跟他讲了你遇到的事。

他是想帮你的。首先因为你付钱；其次是因为你的肤色；第三是因为他把你视为受害者，而他是受害者中的赢家；第四则因为威胁你的那个人属于另一个帮派，而你的头领觉得那个帮派应该被清除。但他当时并没有和你解释这些，而只是告诉你他第二天会作出决定，而且他只是一个中层领导，要和他的上级商量。

他给你安排了一个保镖来保障你的安全，同时口头向你保证如果对方日后再做出什么举动，他就会采取更多的措施。保镖并没有提前和你联络就来到了你的办公室，一言不发，镇定自若，眼神冷峻而尖锐。他应该和你差不多年纪，但要比你重很多，腆着大肚子，镶了四颗银色的牙齿。很难想象这样一个人有妻子儿女，所以你也没问他家里的事；他也不是那种爱闲谈的人。他晚上会在你家住，但虽然他住的是你空无一人的用人区，你依然觉得让他离你太太那么近也不太安全。

只要坐上你的车，他就会玩弄他的手枪，还故意弄出声音，不知道是显示枪本身，还是为了锻炼反应速度，抑或只是出于习惯。你有时候怀疑雇用他是不是一个正确的决定，因为有可能被他误伤，而且每天有他在身边确实很不自在。但你明白,你要么不理之前的威胁,要么就只能向你的对手投降,这让你感到非常不公平,会严重地伤害到你的尊严。有一次,你故意路过那个商人的别墅——那是富人区的一块地产,经过时你从门缝里看到他正在草坪上练习竞走。他穿了一套灰色的运动套装,手上拿着蓝色的重物,看上去就像是电影里的反面角色。这个场面让你决定决不能轻易投降。

你妻子感觉到你心里有事,因为你突然变得冷漠,而且很容易生气,尤其是最近你又雇了一个新的保镖。她希望能够安慰你,尝试和你交流,但你们的对话并没有让她得到任何解释。她又提议和你去看电影,或者一起去外面吃晚饭。但你非常坚持晚上要留在家里,当然是出于安全的原因,但你并没有跟她这样讲,怕她会害怕。

她在一些进口杂志里找到了关于如何解决这种问题的建议。杂志中有些文章会教女人如何取悦男人。刚好你们的纪念日将至,她让美容院的美容师帮她脱去了所有私处的毛发——那真是一次最痛苦的经历,还用整个月的零用钱买了一套紫罗兰色的蕾丝内衣——那是她最爱的颜色。她半裸着在床上等着你,卧室里点着蜡烛。

她并不知道停电了。你拿着电池台灯走进卧室时,眼前的场景让你非常尴尬。你调转目光，嘟囔着道了一声对不起，就赶紧走向洗手间。你出来的时候她已经严严实实地盖上了一层床单，双目暗淡，感到羞耻至极。你躺下后，她把手伸到床单里面，用尽了所有的力量，拉住你的手放在了她的身体上，然后把自己的手伸向你的两腿之间。她感到自己的身体已经有了反应，但你却没有。和你一样，她精疲力尽，转过身抹去了脸上的泪水，假装睡去。

几周过去了，你一直非常紧张，开车的时候会环顾四周，恐怕自己再次受到袭击，不知道对方何时会发起行动，也不确定你的保镖到时是否真的可以保护你。你告诉自己不能恐惧，但还是取消了和很多重要的公司客户的会谈，这让你的公司遭受了一些损失。后来的情况就变成你每天早早就到办公室，然后一直逗留在那里到很晚才回家。

打破这个规律的不是暴力袭击，而是你姐姐的死。季风带来了洪水。你们村里的老房子因为地形的关系并没有受到太大影响，但洪水退去后的污水却导致蚊蝇滋生。你姐姐死于登革热。她一度退了烧，大家以为没事了，但体内出血导致她的器官衰竭。

你和你哥哥、侄子转了很多次车，直到第二天晚上才回到村里,因为之前的雨水摧毁了道路桥梁。葬礼因为你们迟到而推后了。你最终得以见你姐姐最后一面。她本来还很年轻,但已经面容憔悴,满头白发,门牙也已经掉了,脸上的皮肤紧紧地包着骨头,仿佛被时光碾轧过一般。

你望着你哥哥,发现他也老了。其实在年轻的时候他也显得更为成熟。你很想知道在你侄子眼中你是怎样的形象。你在摆着鲜花的那个小土丘前为你姐姐祈祷,又给了她的丈夫和孩子一些钱。在村子里,死亡是再平常不过的事。置办丧事已经有了一个既定流程。没几天后,家里就没有什么人在哭泣了,虽然你临走前轻抚你姐姐大女儿的头顶时看到她脸上挂着一滴泪水。

你没让你妻子跟你回村,这个决定让她很受伤害,虽然你已经向她解释过,洪水毁掉了很多路,整个行程会十分周折。她认为你不让她出席这种重要场合是一件不可思议的事。她不明白,你真正的想法是想隐藏你的出身。

回城的时候,你们有好几次要帮忙推车才能开过一些泥洼路。你这时才想起城市和乡村的巨大差别,而这种差别和多年前几乎一样,从来也没有改变过。

快到周末的时候,那个持枪威胁你的男孩儿又接到命令来见你了。他像以往一样洗漱打扮,桌上的那个和苏打水瓶子差不多的收音机里放着电影歌曲,他故意用力刮着上唇的胡子,希望有一天能长出密实的唇须。他的母亲和姐姐跟他道了别。他手上没钱了,所以只给摩托车加了一点儿油,买了一支香烟。他选了一个竖着抗菌香皂广告牌的路口和你碰面,开始吸烟——他最近发现这样可以让他忘记饥饿。有人打手机告诉他你快到了。

他脑袋里想的是他一直想要的一件紫色T恤衫,上面印了一只鹰。但今天经过那家商店的时候,那件衣服已经不见了。店员说衣服卖光了。他本来希望能去把它买下来,他后悔没有借点儿钱。他喜欢隔壁的那个有酒窝的女孩儿已经很久了,但一直没有勇气和她说话,而且她好像从来没有注意过他。但如果他穿上那件T恤,她一定会看到他。

你在开向那个路口的时候想的也是一个女人——你想起曾经和你姐姐玩的游戏。你前面的卡车拖着一个运货箱,车子减速的时候刹车发出尖锐的响声。在噪声中你看到那个男孩儿向你驶来,你本想向保镖求助,但他显然已经发现了情况。他透过挡风玻璃开了三枪,那个男孩儿倒下了。你想逃走,但你的保镖却打开门下了车。其中一发子弹打碎了男孩儿的一块头盖骨,就落在离他不远的地方。男孩儿挣扎着想呼吸,你的保镖朝着他的脸和胸口开了几枪，然后用手机拍了张照片。回到车上后，他让你开车。你一开始没明白，他重复了一遍，你马上照做了。

你在一条空无一人的路上停了下来。你的保镖用工具箱里的一把钳子打碎了挡风玻璃，从车里用双脚把玻璃踢到外面。回家的路上，潮湿的凉风让你的脖子感到一阵寒意。那晚，你把左轮手枪放在了床下，一直无法入眠。你不知道之后会发生什么，对方会不会以牙还牙。那个持枪少年的结局深深地刻在了你的脑海里。

但后来你们帮派的首领告诉你那张照片已经传给了你的对手，同时还有一些文字解释。对方同意停止对你的威胁。你不知道是否应该相信这个结果，对方会不会策划一场更大的阴谋，但你的保镖离开了，你又开始单独行动，只能期待最好的结果，同时把眼前的事务罗列顺序交代清楚，以防万一。

你的生意越做越大，很快地，整件事情即便没有完全过去，也不再像之前那样困扰你了。你每天都工作到很晚，夜里才回家，所有精力都集中在生意上。你总会想起漂亮女孩，事实上她也会想起你，但不会和你联络，每次想这样做的时候都会克制自己的冲动。然而虽然没有联系，她依然会影响到你，以至于你没法向你的妻子敞开心扉，经常会在她身上寻找漂亮女孩的影子。漂亮女孩已经成为你心目中的样本，你的妻子只能是一个复制品。听到你妻子的笑声，和你妻子做爱，都会让你感到异常痛苦，这让你不自觉地离你妻子越来越远。

你希望在物质上补偿你妻子，给她买了昂贵的项链——虽然和名门望族的珠宝没有可比性，但依然比你们之前所拥有的一切都要奢华很多。她很喜欢你的礼物，但她期待随着礼物而来的是你的温柔体贴。项链一直留在盒子里，每年可能只戴一两次。

后来，你太太的很多大学同学开始向她投来关注的目光。虽然她有时想回应，但她成长的环境让她相信婚姻是不可侵犯的，因此都迅速地拒绝了。同时，她改变了穿衣风格，变得朴素了很多，有时候出门还要用头巾把头发包起来，在她和追求者之间建起了一道坚实的壁垒。

你们并排躺在一起，没有任何身体的接触。你们的楼下安了一台新的小型发电机，以应对临时停电的情况。你没有枕头，脑袋下面只有一块枕巾，年龄和坐姿让你的颈椎出现了问题。你并不认为你妻子对你的爱会消失，而即便如此，你恐怕也不会怀念。

8

和当官的做朋友

自助书籍绝不能不考虑到我们和国家的关系。如果我们——读者和作者——被无数事物联系在了一起，那么在这些事物中最闪耀的一个事实，就是我们生活在一个服从于国家力量的金融世界里。国家拉扯着我们，让我们屈服。国家决定着我们的生命轨迹。

你可能会总结说，最可靠的致富道路就是开动你的光速营销列车，驶入离国家经济控制尽可能远的行业星云。但你错了。离国家权力最遥远的蛮荒地带中的商业是一项冒险的旅程，是永无止境的战争，生死在一念之间，几乎没有成功的可能。

不，借助国家的力量来达到个人的盈利才是更理性的策略。有两类表演者已经深谙此道。一种是官僚，穿着国家的制服秘密地攫取个人利益；另一类则是银行家，打着个人的旗号，其实得到国家的支持。你需要这两方面的支持。但在新兴的亚洲，官僚主导一切，银行家则跟随他们，你的成功就取决于你能否与正确的官员为伍。

你坐在他面前，就在他的政府办公室里。屋子的装修俗气，和大多数的办公室一样，窗子上都是灰尘，墙上摆着两幅国家领导人的照片，一个已经死了，一个还活着；木扶手的沙发椅是可以折叠的，如果有需要的话，可以坐两倍的访客。为了这次会面，你给官员上了贡，其中很多都是为官员的私人秘书准备的，因为没有他人许可，官员的日程表永远都是"满的"。所以你现在才能坐在这儿，面对着眼前的大老板，最终得以提出你的诉求。

官员没去管禁止吸烟的规定，点燃了一支昂贵的雪茄，而你面前则只有一杯茶。他了解你这类人，白手起家，事业正处于上升阶段。他的家世背景、教育程度都令他对你有一种天生的鄙夷，不过他同时也很高兴，因为你这种需要改变命运的人会付出的一定多过那些仅仅要维持自己地位的人。

在去见他的路上你可谓历尽坎坷。许可证被撤销，检查没通过，数据读取错误，审计启动，这样那样的麻烦折磨了你很多年。从小官小吏开始，再到中层领导。但此刻你走到了绝境。你的公司基本上已经是公开经营的企业了，你们的品牌也算是通过了质量检测标准。但你在扩张进入市政供水的巨大市场的过程中遇到了问题。只有有国家颁发的执照的公司才能成为游戏的玩家,而你申请执照的时候又被拒绝了。你追根溯源,才找到了坐在你面前的这个人。

他吐了一口烟,把没拿香烟的那只手放在了你的文件上,里面有你最近被拒绝了的提案。你向他介绍了你的技术竞争力、资金和公司的专业人才。官员让你释放你的能量,尽情地倾诉,当你停下来后,他在一张纸上用金笔尖的钢笔写下了两个字:"多少?"

你释然了。窗户纸被捅破了。现在可以开始真正的谈判了。但你假装很紧张。

"先生,"你说,"我们符合条件……"

"你之前当过政府采购商吗?"

"我们做瓶装水生意已经有20年了。"

"你当没当过政府采购商?"

"没有。"

"你们有这个资格吗?"

"还没有。"

"没有。"他吐了一个圆圆的烟圈。

"我们满足你们所有的条件。"

"所有的可量化条件。当然我有责任去确保你们满足非量化条件。比如公司名誉。"

"我们一直有着友善的名声。"

"好啊。"

你观察着他。他应该超过55岁了,也就是比你大不到10岁的样子,但一看就知道是过着锦衣玉食的生活,不仅不会干任何粗重活计,就连公文包都不用自己拿。

他指了指你们中间的那张纸。在这个时代,很难知道你们的对话是否被录了音。他不想留下任何声音资料。你故意假装思考了一下，然后才写下了你假装认为够大的数字。官员不屑地摇了摇头，在下面写了一个高出你很多的数字。你感到很满意。他没有把你赶出去，就意味着他已经摘下了他的王冠，进入了你这个商人的阵营。你现在成为了他的采购商。你只要别太过分，就等于是掌握了这个贪婪却非常有用的官僚。你象征性地讲了讲价，但最终还是慷慨地接受了。

但这个官员依然需要得到他的上级的许可。接下来的那一周，你们又见了一面，主要是商讨一些细节性问题。他派你去了一个通常只会出现在电视或报纸上的政客的家。那天，你的司机开的是你那辆九成新的高级越野车。旁边坐着的穿制服的保镖其实是你的门卫。你坐在车后座上，心不在焉地浏览邮件，希望能让那个人刮目相看。

因为害怕恐怖分子的袭击，这个政客用了很多方式来保护自己的住宅，强迫邻居把自己的房子卖给他，然后在离宅子很远的区域边缘架了高高的电网，还在街的两头都设置了非法路障。警察四处巡逻，还有一支武警队伍在一辆小型皮卡上随时待命。你被放行了，但只能独自徒步进去，这让你有些失望。在进去的路上你被搜了两次身。

政客的工作环境就像是很早以前的王公贵族,有一间房子是给普通人等候他用的,另一间则是留给官员的,里面的房间一间是他的,一间则属于他的幕僚们。你的事情和其他一些不相关的事物一起进行:一些是公事,一些是私事,有一些明显没有任何目的,只是为了消遣。午餐还在进行中,咀嚼声不绝于耳,无数次打响指的动作其实只是为了弄掉手上的油和米粒。你并没有感到沮丧,你的官员朋友已经给你打了预防针。整个过程中你只是为能和这样的大人物共处一室而感到无比自豪。

大人物总结说,你的事情虽然有些不合常规,但并不复杂。他笑着问了他的一个喽啰的意见,问完后挑了挑眉毛,仿佛让他评价一个妓女的出价是否适宜。喽啰说出了一个数字。你卑躬屈膝地接受了,就像官员之前提点你的一样。事情就这样完成了。

回去的路上,飘着浮尘的天空中升起了橘红色的霞光。你在越野车上望着下面的小轿车和摩托,哼起了小曲。要不是有司机和保镖在场,你可能已经引吭高歌了。为了今天你努力了这么久。你的办公室出现在了前方,一栋位于核心商圈的商业体的整个二层都属于你,一层则是一些商铺。安保人员和停车场的工作人员和你打了招呼,电梯门打开迎接你的到来,你在路过几个经理的办公桌时和他们点了点头,这给他们传达了一个信号。是的,你和"上头"的会面很成功。

你回家的时候,你的儿子正在草坪上发表"演说"。已经是黄昏了,蚊子很多。他穿着T恤和短裤,光溜溜的棕色皮肤让你有些担忧。他跑过来,扑到你怀里,你开心地把他举过头顶,重力的作用使得他的腰椎骨轻轻作响。你嗅到了他身上柠檬味的防虫药水的味道。你的儿子长着一张胖嘟嘟的脸,头发剪成锅盖形,身高正好和你的肚脐齐平。他是个小小的演说家。今晚的观众不只有你家的保姆,还有厨师和邮差。大家看到你回来,都变得有点儿紧张。小家伙正在模仿他在电视上看到的一场政治演说。

"如果我能成为你们的领袖……"

你望着他,听着他的演讲,心里期望能有更多时间与他相伴,能带着他去工作,或者可以一直陪他玩他的玩具。你又想到了你的父母,他们应该也经历了这样的阶段,在半个世纪以前,那时他们的心情应该和你现在是一样的,只是多了一层不安,虽然当时的疾病和暴力如果出现在此刻也会击倒你的儿子,但你现在的能力已经大幅度地降低了他早夭的可能性。

你突然大叫了一声,打断了他的演讲。他尖叫着跑进屋去,你在后面低吼着说要吃掉他,但进屋后马上就安静了下来。路上停着的车子说明屋里应该在进行着某项活动。你太太和十几个女人坐在一起,每个人都裹着头,有些甚至蒙着脸。她回应了你的问好,但眼睛却只停在你儿子脸上。你们两个上楼的时候,她只是朝着你的儿子微笑。因为你太太注意力的转移,刚刚的讨论突然安静了下来,但很快,她朝着其他女人抬手示了一下意,大家又开始了刚刚的话题。她的手势如同在指挥某个大型部队,或者表达一种深藏的、大家共有的愤怒,或者托起一对隐形的乳房。

你们已经有五年没有做过爱了。也就是说,你儿子出生后,你们就没有过夫妻生活。你们的性爱本就很少,因此她能在大学毕业摘掉避孕环之后这么快怀孕完全是幸运。但生育显然就没那么容易了。三度会阴裂伤让你太太的肛门括约肌受损。在手术和无数次物理治疗之后,她的排便失禁终于被治愈,现在可以不用穿尿布了。但在这个过程中你几乎没有做过任何事,甚至都不太了解她的详细病情。工作、家庭教育和性别,再加上心里一直想着另一个自己无法企及的女人,所有这一切让你不愿意为你太太付出金钱之外的任何东西。

但随着你儿子的长大,你也发生了一些变化。医院、流血和消毒水的味道让他的出生像死亡一样恐怖。整个过程让你感到恐惧。但慢慢地，这一切都被遗忘了。作为父亲，你学到了很多。虽然已人过中年，但爱依然是可以练习的。你可以爱上新走进你世界的东西，无论多晚都可以憧憬美好的未来，可以和不曾存在于你过去的人一起享受明天的美好。习得了这样的智慧后，你开始尝试走近你太太，学着花心思来建构你的家庭，你儿子恰恰是其中的纽带。你想重新赢得你太太的欢心，看到她的微笑，让她从另一张床上回到你身边。

但当你向她靠近，想重新认识她，将她视为一个成年人，一个母亲，甚至是一个拥有着成熟的美丽和不可摧毁的信念的勇士时，当你想和她对话，抚摸她的手臂、脸颊和大腿时，她却已经对你失去了兴趣。她从来没有向你大吼大叫过。事实上，在你面前她一直保持着她的教养，而且因为你的年长和一些这样那样的小病——你的脊柱、牙齿、膝盖——而对你有一种同情，但她会回避任何实质性的交谈，甚至会因此感到困扰，仿佛那样就打破了你们的条约。她的注意力在别处，在她的儿子身上，还有她的政治团体成员身上。

和她们在一起时，她展现出一种超越了她年龄的影响力。她享受着这样的感觉，虽然有很多成员都是她的长辈。法学背景和经济实力是她的优势，但最重要的还是她自己的气质举止、激情和无畏精神，再加上她态度温暖和善，只有少数很幸运的人才能同时兼备上述这些特点。

今晚她披着披肩给你儿子讲故事的时候，你躺在你儿子旁边。你知道自己并不仅仅是为了要靠近那个小家伙——当然你也深深地爱着他，但此刻，你用胳膊环住他的时候，你知道你拥有了一些她想要的东西。你希望这一瞬可以一直延续下去，但同时也感到难过，因为只有你一个人这样想。

为了能让你们的关系好转，几个月前你雇用了她的一个弟弟。事实上你的公司已经养了一大堆无所事事的闲杂人等，很多人对公司完全没有任何贡献。但从表面上看，他的智商和教育水平和其他人不太一样，因此你希望能把他培养成你的副手。

在收到官僚颁发给你的市政采购商执照之后，你得到了第一份公共水供给合同。你带着你的小舅子到海关去办理一些设备的清关事宜。你们两个一起乘车去机场。这里曾经是一片庄稼地，现在却是宽广的环路，周围也开发了住宅区，还有一些防御性建筑、村庄、高尔夫球场和几片为数不多的等待开发的荒地和农田。

由于中产阶级的过度膨胀，本来少得可怜的人口突然像青少年的肌肉一样膨胀起来，这带来了空中交通需求的激增。为了能订到时间合适的机票，你联络了一个熟识的航空公司工作人员。登记的时候，你发现你的飞机可能曾经是军用机，有发动机吊舱和后开活动梯，可以发射榴弹炮或者开出运兵车。你对飞行一直抱着宿命论的态度，但你非常不想随着飞机的隆隆升空而永远地离开你的儿子。

你的小舅子看上去很兴奋，他从来没坐过经济舱，也没有住过这么高级的酒店。他长得和你太太很像，只是矮些胖些，就像是把你太太从头顶压扁压宽，再把她变得男性化，仿佛自然博物馆的某个奇怪的镜子照出来的样子。他和她一样，皮肤白皙，嘴唇丰满，能说会道。你并没有意识到你对他有好感是因为他的忠诚，而非他的个人品质。

取完行李后，一阵暖风拂面而来，让你感到十分愉悦。在你的脑海里，这里的一切是和钱相关联，和这个大时代相关联的。在你身边的这些人比在家要多样化得多，他们的皮肤、嘴唇、头发证明了人类进化的多样性。他们来这里是因为港口带来的商机，将各种各样的商品从新兴的亚洲运向非洲、大洋洲或者更远的地方。

一辆豪华轿车将你们送到了酒店。酒店位于一个高端社区，旁边是各国公司的办事处，留着殖民时期的痕迹，在必要的时候也便于撤离。来自遥远的平原地带的你从房间望向大海，仿佛被催了眠一般。漫天云朵带着奇妙的幻彩飞快地向你翻滚而来。你细品着房间里精美的巧克力和各式进口梅子——作为一餐饭来说它们实在太少了。你心中默默地想：这就是成功了。从这里你可以看到远处码头的轮廓。你的设备就在那里等你。

你不知道，漂亮女孩就住在海岸的另一端。她正坐在泳池旁边的树下，穿着泳衣，戴着一副太阳眼镜，用吸管喝着一杯不含糖的甘露酒。她刚刚去了很多个岛屿旅行，每隔半年她都会安排一次长达一个月的旅行，基本上每一周的行程都需要两国的签证。

你们最终还是取得了联络，导火线是一个白天专做报关事务、晚上流连于各种现代艺术和时尚场所的行政官员。在他的办公室，他告诉你你很幸运，支持你的那个官员的插手加快了你货物的检查流程，将你的费用降到了最低。你看到他桌子上有一张和几个明星在一起的合影。你假装随意地问了一句他认不认识那个漂亮女孩，他说认识，问你为什么这么问。

他告诉你她这段时间没有演电视是因为她自己开了一件高端家居店，生意非常忙。虽然你说你们只是旧相识，但他对这种事非常敏感，一眼就看出你们关系非比寻常，所以马上告诉你她的情人是一个很出名的建筑师，而且那个人的太太最近刚刚过世。

短短几句话就把她带回了你生活的中心，虽然所有关于她的细节都是回忆和想象，那种感觉很强烈，虽然你并不清楚自己到底是喜是悲，但依然非常强烈，这让你感到窒息，如同得了哮喘，无法呼出肺里充胀着的气体。她的反应和你没有什么差别。几周后的一个下午，这个清关人员在海边看到了她。他很清楚在说出你的名字后，她也是大吃一惊，就像是在拥抱的时候突然放了一个响屁一样。

漂亮女孩知道了你已经是一个孩子的父亲，这有些讽刺，因为她最近已经进入了绝经期，虽然她从来也没有渴望过生小孩；她还得知你的生意发展得很快，人依然保持着魅力，很有男人味，有一种原始的味道，一种属于和你一样来自内陆的男人特有的味道。她听到对方的描述后笑了，还追问了一些细节，但完全没提及你们的过去，事实上她从来没和任何人提及过这些，这么多年后，再提起也有些奇怪了。她只是轻描淡写地说你们曾经对对方有过感觉，仅此而已。

她对生活也是基本满意的。从电视厨娘到设计师厨房样板间拥有者再到国际高端家居零售商,这并不是一条一帆风顺的路。但如今她的生意已经走上了康庄大道,她雇了一个非常出色的助手——一个教育程度很高的离婚女人,因为没有家庭,所以有时间经常伴她左右,而且可以在她旅行的时候给她做翻译。漂亮女孩喜欢旅行,在她看来,每一次旅行都是一次探险;她们坚持旅行,虽然旅行中的浪漫经历也许还说不上是激情四射。

在她和那个负责清关的官员在讨论你的时候,你正和你的小舅子站在你们水厂的建筑工地观望。虽然项目工程并不是很大,但你的小舅子还是给每个工人都配备了安全帽。你喜欢这个主意,因为这显示出了你们公司的专业性。塑料帽壳让你的头皮一直在冒汗,太阳无情地直晒着整个场地,汗水刺痛了你的眼睛,在你的嘴里留下了咸咸的味道。

你的脚下是不断减少的蓄水层,无数贪婪的钢铁机器从中吸取着汁液。你的机器并不是最大的,但看上去比大部分都要光鲜夺目。但突然有一个时刻,你闻到了一种难以形容的味道——至少你认为你闻到了,湿热的风带来了一股铁锈一样的血腥气息。

今天，你太太一定正在领导着她的妇女组织在帮助某个遭受暴力的妻子，或无家可归的离婚妇女，或没有得到遗产的寡妇。她的行动都是为了社会公益，与你没有任何关系，但暗含着某种不言自明的谴责。你闭上双眼，心中升起了某种遗憾的情绪，或许是因为项目的延迟，或者是你的婚姻状态，你与你儿子的年龄差距，又或者是因为你无法过多地参与到他的成长过程中。但情绪是稍纵即逝的。你可以很好地控制自己。你往地上吐了一口痰，鼓励你的工人好好干。

9
保护战争艺术家

我们都是信息，所有人，无论是读者还是作者，无论是你还是我。我们细胞中的DNA，我们神经中的生物电流，我们大脑里的化学情感，我们体内的原子构造以及它们的次原子微粒，我们无论是远望还是内观时所看到的银河与星云，所有这一切，一丝一毫，都是信息。

此刻，我们显然不确定是否所有的信息都能做到自我了解，我们的宇宙到底走向怎样的终极目标，虽然我们人类确实进化了，我们这些信息的外壳一直在不断了解各种信息。

我们只知道信息即权力。因此信息成为了战争的中心，是我们寻求权力的最为赤裸裸的手段。在现代战争中，飞行员以两倍音速飞行在空中，双眼不停地汲取各种信息：一只眼睛观测雷达反馈和温度特征，另一只眼睛观察光线和远处的金属物体，这需要对思维和器官进行多年的训练，需要人体的重塑甚至升级。在地面的时候，这位将军监督着各种各样的事务同时进行，这和市场上的商人们一样，还有拿着电视遥控器的人们和在屏幕上同时打开多个窗口的电脑使用者，我们所有人都在尽可能地将各类信息汇聚在一起，寻找其中的规律，也在其中寻找着我们自己，从别人各式各样的故事中拼凑出自己的人生。

在收集信息这件事上，没有谁会比国家安全部门的人更加投入了。这些战争的艺术家们即便在和平年代都异常积极，冷酷地追求着权力，虽然表面上并不带有任何敌意，但无时无刻不在搜索着内部的敌人，或瓜分掉那些肆意掠夺者的战利品，毁掉商人们充斥着购买合同和股票价格的日子。加入这场冒险，就可以坐上闪着信号灯的装甲直升机，用武力获得财富，所以你想要和他们为伍也是很自然的事。

从世界国防机构的角度来看，你存在于几个不同的地点。你出现在你的房产证上，在收入税的登记表上，在护照和身份证上。你在旅客名单上，在电话簿里。你活跃于防御森严的军队情报服务器中，是他们忠诚的后援。你是指纹，是面部比例，是牙齿记录，是声音模式，是无数的消费信息和邮件往来。当然，你也是为数不多的可以坐在豪华轿车的后座上去你们城市的兵营的人之一。你们的车子正驶向一个穿着军服的士兵。

这位官员只有几秒钟时间决定让哪辆车停下来接受搜查。卡车、公共汽车和搭乘了多于三名五十岁以下男乘客的私家轿车都必须要接受检查。对于其他车辆，他会凭直觉来进行随机抽查，事实上这种随机性是所有防卫系统中的致命问题。他显然不喜欢你的样子。在他眼中，有钱的平民等于是贼。他们抢夺了这个城市中几代人的财产，但他们通常和将军们有些关系，因此他们横跨了官员、军士、士兵、贵族和敌人这五个层级。他仔细地研究着你的脸——你的表情淡定自若，又看了看你的同伴和司机，然后便放你们进去了。

　　你们通过了一系列的监控摄像头。在他们单色的屏幕上，你昂贵的汽车变成了鼠灰色。你身后的景色自独立后就没有怎么变过，修剪齐整的草坪，刻着军队徽章的楼宇，腰下都涂成了白色的树木。军队指挥官和商业富豪的房子彼此相连。这里的秩序和植被覆盖和城市的其他部分有着明显的差异，军营外面的建筑就如同一大群移民汇集在了一栋皇家城堡四周。

　　另一个士兵监督你们离开军营区域。十分钟后，几个私家看门人看着你们穿过一个拱形大门——这是进入一个与部队相关的企业网络组建并管理的精英圈子的标识。屋顶上的狙击手一直监视着你和你的小舅子——现在是你的副手，也是首席运营官。进到总部大楼里，一个退役的陆军准将和你握了握手，把你引到会议室,骄傲地向你介绍了他们的新计划。

"第十期可了不起,"他说,"比一到五加起来还厉害,比七加八还要多,甚至超过了六,六已经很强了。十是里程碑,是旗舰。有了十我们就进入了一个新阶段。十会有自己的发电厂。十不会停电。"

他顿了顿,等着你的回应。

"真不可思议,"你的小舅子感叹说,"难以置信。"

"这还没完。其他的房屋协会也正在建设电厂。我们要把它们赶出所有地盘,所有城市。为什么要你来呢,因为能让第十期独一无二的就是水。水。在第十期,只要打开水龙头,你就可以直接饮用。每个地方都十一样。在厨房、厕所,水都可以喝。走进第十期,就像到了另一个国家,另一片大陆。就像是欧洲,或者北美。"

"不用走出家门。"你小舅子说。

"没错。不用走出家门。就在这里。安全,舒适,维护精良,夜晚也是灯火通明,没有噪声,视野卓越。这里是全国的也是居住海外的国人的灵感来源。就连水也都是最好的。世界级的。"

"太棒了。"你的小舅子再度应声喝彩。

"能做到吗?"

"可以。"

准将笑了。"很好。我们知道可以,但不知道谁能做,谁能成为我们的合作伙伴。我们正在建一个水公司。我们会拥有顶级的国际顾问,但也需要一个执行者,一个在这个城市拥有实战经验的人。所以我们才把你作为备选。这会是我们的品牌,是我们面对公众的形象。但我们不能自己做,至少现在还不行。如果和我们一起做这件事应该能赚不少钱,尤其是现在我们要提速了。"

"我们很荣幸能有这样的机会。"

"你呢?"准将转头看着你。从开始到现在,你一直保持着沉默。他看得出谁精明老到。他认为自己能看透你的心思。这件事在技术上有很大挑战,不仅仅是因为整座城市的地下水在飞速减少，也因为水的质量越来越差，很多有毒物质和生物制品就像海洛因进入人体血管一样进入了城市地下水系统。工程需要功能非常强大的水过滤设备，同时也需要制订计划从运河中引入农业灌溉用的水资源，而这些水中本身就含有大量的农药和化肥残渣。

但他怀疑你的沉默并不只是因为这些障碍。不，他认为你保持谨慎是因为你非常清楚，当和部队相关的企业进入市场后，前线会迅速发生变化。我们可以得到别人得不到的通行证。任何禁令对我们都不起作用，而其他人做同样的事情时却会被挡在门外。所以我们的行动会是最快的。这让我们成为很危险的商业对手。但这也让我们的项目变得更为刺激。无论你加入与否，我们都会进展下去。所以和我们合作总好过变成我们的手下败将。而且至少到目前位置，我们给的钱也让你很难拒绝。

"可以。"你终于开口了。答案和他预期的一样。

准将点了点头。"很好。我们会在下周初把招标书给你寄过去。好了，失陪了先生们。"

他站起身，会议结束了。

那晚，你的四个配枪守卫中的一个离开大门旁边的岗亭巡视。他们四个人分两班轮值。除了装了电网的外墙和你抽屉里那把9毫米手枪，守卫是保护你的宅子不受强盗、绑架犯、竞争对手威胁的重要方式。这个守卫是一个退役步兵，在一家安保服务公司工作的同时在假期会来你这里工作，同时还享受着军队的退役补助。作为拿补助的交换，同时也因为没有那么功利的爱国主义情结，他依然是国家安全部门的耳目，而这样的人其实不仅散落在你的城市的各个角落，也遍布在各个城市各个国家。

此刻，他的眼睛和耳朵——确切地说只有他的眼睛，因为距离问题他的耳朵暂时起不到作用——让他向上面报告说你正坐在你那一翼的一个房间的餐桌旁，和往常一样，等你儿子回来。而他正穿过分隔了你和你妻子那翼的会客厅来找你。你妻子已经成为知名的非营利慈善宗教组织领袖。守卫上班时做得最多的事就是接受写给她的捐款信，和帮那些妇女志愿者开门关门。

你的守卫和房子里的其他雇工都知道你和你妻子的卧房相隔很远，这段距离分隔的不仅是性，还有经济。你的妻子一直自己睡，而且坚持要独立支付她的开销——事实上她的收入只是从她的非营利组织中拿的相当微薄的薪水。她的清洁工人听到她说要等孩子成人后再和你同居。但事实上你的孩子已经成人好几年了。而对于那个保安来说，每每看到她圣洁的身影、灰色的头发，他老迈的心都会为之一动。

保安看到你拥抱了一下你的儿子。他个子很高，甚至已经和你差不多了，但身材很瘦，甚至有些柔弱，性格有些反社会，大部分时间都孤零零地待在房间里。但在你眼中他是一个英雄，身强体壮头脑灵活，是一个天生的领袖。每天和他一起吃饭的那一个小时里，你笑的时间比其他二十三个小时加起来都多。

夜晚，透过你书房的窗帘，守卫看到你打开台灯，坐到了一个他看不见的地方。你的用人端来了降胆固醇和血脂的药、一勺欧车前果壳和一杯水。他走的时候两手空空。灯还亮着，守卫看不到你做了些什么。

在网上，你依然可以被监视。事实上你确实在被监视，在你发邮件、看新闻、搜索信息，甚至在网上选家具的时候。那个网站上没有提供订货通道，甚至连产品名录都没有。它只是一个最基本的主页，里面有几张照片和几行文字介绍，还有一个店铺信息板块，里面包含了几个电话号码、一个地址和一张地图，以及一些对店主的简单介绍。从照片上看，店主是一个60多岁的女人，对很多领域都有所涉猎。总而言之，这个网站实在没什么特别之处以至于引起一个自来水商的注意。你的浏览记录证明这是你第一次浏览这个网页，而后也再没有浏览过。

这个可疑的网站是在另一个城市注册的，注册地点是店主的住宅。和很多电脑使用者一样，店主从来都没有担心过防火墙、系统更新或反黑客软件等问题。所以她的笔记本电脑虽然非常高级，但也隐藏着各种病毒，就像是键盘里充满了看不到的细菌和微生物一样。在这些不请自来的病毒中，有一个军队程序，可以远程开启机器的内置摄像头和麦克风，这样的功能简单的单细胞病毒是做不到的。这个程序使得电脑变成了一个秘密监视设备；如果监视者有特殊癖好的话，也可以变成脱衣舞或黄色视频的创作者。

到目前为止，并没有出现任何值得关注的事。电脑被放在了一张桌子上，通过摄像头可以看到一个女人坐在一张矮桌旁，刚刚吃完晚餐，还喝了一瓶红酒。漂亮女孩显得很专注，但并没有在看她的手或是眼前的食物。房间里有音乐声，然后是一段对话，再接着是暴风雨，显然她是在看一部电影。电影结束后，她关上灯，消失在视野中。然后是水声。她走进了卧室，穿着睡衣，用化妆棉清理面部。然后她关上了卧室门，锁好，电脑的麦克风可以收录到她锁门的声音。屋里的灯光通过门框四周的缝隙钻出来。然后灯灭了。

第二天晚上，漂亮女孩回来比较晚。从穿着来看她应该是刚刚参加完一次聚会，一件高领无袖的上衣露出了她柔软却结实的手臂。又过了一天，漂亮女孩再次独自一人回家，边吃晚饭边看电影。之后的那晚她接了一个电话，打电话的是一个女人，应该是她的助理，因为她用的手机号码直接连接到一个电子邮箱地址，里面的邮件表明她为漂亮女孩的家具店工作。

她们对话的语调很温暖，两个人应该不仅是同事，还是很好的朋友。她们在讨论到一个热带国家旅行的事宜，因为那里的雨林非常漂亮，还有很多小岛和火山，当然也是为了去看那边的家具。通过摄像头可以看到漂亮女孩非常兴奋，这次旅行应该是她期盼已久的。她的助理告诉她签证已经拿到了，她们的飞机和酒店也已经订好了，当地的接待也安排齐备。电话中谈到了一些饭店名称，还有她们想去听的一种音乐。出发日期定在一周后。

漂亮女孩挂下电话后高兴地笑了。她的电脑摄像头这次没有对着卧室门，因此她这晚的睡前准备工作没办法被监视到了。摄像头只能照到她窗外的护窗栏杆，铁栏之间距离很窄，此外还可以看到她的墙上安装了一个运动传感器，传感器下面，也就是前门附近，有一个小键盘，这是她的家庭安全系统。键盘上的小灯从绿色变成了红色，说明系统已经被开启。也许系统是预先设置好的，到时间就会自动开启。又或者漂亮女孩手里拿着另一个遥控装置。

外面的大街上，有人打电话给警察局报告说出现了枪击事件。警察局并没有马上派人调查。另一处，一个双手手指都被砍断的无头尸体将出现在海岸上。犯罪率统计显示很多富人最近都遇到了抢劫问题。贫富差距的加大让这个问题更为恶化。但有组织的下层社会争地盘战比这些抢珠宝手机的小打小闹要严重得多，即便是在最不平等的城市，大部分今晚这样的暴力都会出现在穷人的居住区。

政府用准军事力量来制止这些争端蔓延到那些可能会威胁到国家安全的区域，比如港口或大型住宅区，又或者那些坐落着大型企业和银行的商业区域。事实上离漂亮女孩的开户银行总部大楼没几米就有一个检查岗。

从漂亮女孩的账户可以看出，她有足够的资本可以应付淡季。家具店的收入会上下浮动，但平均来看她依然是盈利的。她的助手可以决定店铺的支出，这意味着她们之间有很深的信任，而且十几年来她的工资一直稳步上升。她助理单独支付水电房租，而且没有给孩子的教育支出，这意味着她一个人生活，又或者是和年迈的父母生活在一起，因为她的信用卡里面显示出频繁的医药支出，来自不同的医院和诊所的不同医生，数目有时候甚至会超过她的工资，但基本上都是由漂亮女孩通过账户转账定期偿付的。

银行办公大楼的楼顶上有灯光在闪烁，这是为了提醒经过的飞机。通过停机坪的监控摄像头可以看到大半座城市都是一片黑暗，电力不足意味着不同区域要轮流停电，经常是整点开始停，但有时也会不同。在黑夜的云层下，城市陷入了一片混沌，只能看到那栋有独立发电机的奇怪的大楼，还有主干道上那两排像动脉一样的路灯。在一条蜿蜒曲折的小道上，一辆摩托车突然转弯，好像是在躲避什么危险。

一周后，沙尘暴来袭。漂亮女孩和她的助理此时已经搭上飞机远渡重洋。国际海域的军舰雷达收到了这架飞机的信号，确定它是一架商业客机，不会带来任何即时性威胁，因此很快被忽略了。海军的天线继续去闻嗅从海岸线上的军区发散出来费洛蒙一般的电子了。

飞机穿过了云层。在内陆，同一个水平高度上，一架无人机正驶向相反的方向。它的体积很小，飞行距离也有限，最大的优势是成本低，可以大批量生产，另外就是它产生的噪声较小，可以避免引起注意。目前社会对它的出口潜力期望很高，尤其是警察系统和设计城市管理的军队体系。

在城市之郊，就在无人机演习的下方，一群人聚集在公墓旁。两辆车在众多车辆中显得异常显眼。其中之一是一辆小货车，上面印着一个油漆公司的名称和电话。车子应该属于死者，现在却成了运送死者尸体的灵车。旁边停着的是一辆豪华轿车，从车上走下了两个男乘客，年长的那位大概六十几岁，年轻的是一个十几岁男孩，身材瘦削，应该是老人的孙子。和其他人相比，两个人穿着非常考究，应该和死者关系非常亲密，因为他们帮忙把棺材抬到那个刚刚挖好的大坑旁。老人开始抽噎，整个上半身断断续续地颤抖着，仿佛一直在咳嗽。他突然抬头望向天空。

无人机绕了几个圈，它高性能的眼睛眨也没眨，就继续谨慎地向前飞去。

10
与债共舞

我们必须加快速度了。我们已经接近终点，你和我，还有这本自助书，书里的那个自我，以及它所提供的帮助，都要结束了。只有书里的道理，会一直持续下去。

随着我这个作者手指的敲击和你作为读者的眨眼，你已经走到了八十几岁，头发没了，身材瘦削，不过依然坚持勃起。你的父母都去世了，哥哥姐姐也不在了，你的妻子离开了你，选择了一个从外形到年龄都和她更为接近的人。你的儿子在北美完成学业后因为迷上了一个瘦骨嶙峋、嘴唇性感的年轻概念艺术家而再没有回来。

透过你办公室的窗户，你看到了你所在的城市的巨大变化。曾经的环形规划和道路限制已经渐渐消失了，深深的地基和摩天大楼代替了几年前的航拍照片上展示的漂亮别墅。太阳已经快落山了，在你的视野中显得巨大无比。你听到有人进来了。是你的前小舅子。他现在依然是你的副手,正坐在你身后说服你申请更多的贷款。

这次他显然是对的。有了钱,公司才能投资,获得杠杆资金,而杠杆就是翅膀,是翱翔的航班,是小企业发展壮大的资本,是对明天的承诺,是人类意愿胜利的回响。有了杠杆才能不朽。

哪怕这种说法不确切,反过来至少是成立的。

"如果我们不贷款,就会死。"他说。

你转过身坐在了他对面。"你被冲昏头了。"

"我们的规模太小。这个产业在合并。两年后就没几家公司做水生意了。到时候可能只有三家,至多四家,而我们显然不会是其中之一。"

"我们可以以质量取胜。"

"我们做的是水。我们只是标准化而已。"

你副手跟你说话的态度越来越激进了。不知道这是因为他责怪你没有给他姐姐美好的婚姻，还是因为你年事已高，他已经对你失去了以前的尊重，又或者是因为他对你们的生意已是驾轻就熟。

"你错了。"你说。

"我没有错。我们要么买下一个竞争对手，要么卖掉我们自己，否则就是等死。"

"我们不会卖掉自己。"

"你永远都会这么说。那我们就买啊。"

"我们不能借那么多贷款。"

"确实是冒险。这是赌博。但我们的胜算很大。"

这一刻，你在他身上看到了你前妻的影子。眯起眼睛，你仿佛看到基因之手挥笔画出了两张面孔，她的美丽俊秀，而他的却充满喜感。你信任他，虽不是百分之百，但也足够了。而且更重要的是，你甚至觉得他对公司前景的看法可能比你还要正确。而且你也没那么在乎事情的结果了。近来你感到生活仿佛仅仅是在走一个流程，起床，刮胡子，沐浴，更衣，去公司，参加会议，接听电话，回家，吃饭，排便，然后上床。这一切都只是习惯，没有目的，就像已经被计费系统遗弃的老式水表一样，每一圈旋转都不会留下任何痕迹。

你说："好，就这样吧。"

你的副手很高兴。对他来说，他一直认为自己算得上忠诚。所谓"算得上"是因为在过去的20年里，他从公司偷的钱并没有带来实际性伤害。那些钱都被他藏在海外的户口里，不会被人发现，以确保他哪一天突然失去工作生活也能有所保证。但现在接受考验的时间到了，你的公司走到了生死存亡的关头。虽然一直享受着高薪待遇，但你的副手没什么积蓄。他的生活方式不像是一个经理，倒像是公司的所有者。此刻是他捞上一笔的最后机会了。收购公司能让他赚个盆满钵满，在他看来，他值得得到这张非官方的金色降落伞。

那晚你独自乘着那辆豪华轿车回到了家，前面是穿着制服的司机和拿着枪的保镖。在红绿灯路口，都会有乞丐、残疾人、没牙的老人、涂着厚厚的粉底笑容可怖的两性人走到你的车边，向你乞讨。一个骑摩托带着妻子孩子的男人熄了火等待红灯变绿。你车子的十四个音响同时播放了海边市场遭到爆炸袭击的新闻。你不愠不火地骂了一句。如果有游行,你的货品可能就会被滞留在港口。

接下来的几个月,你的生意经过了量化评估,电子存档,被纳入了全球的金融网络,你公司的行为也随即进入了千变万化的汇率和现金流组成的数字池。一个银行联合组织成立,大家宣誓立约,办公室、运输卡、设备,甚至你的私人财产都被划为担保物。收购筹措资金被记入贷款方账目,各方商讨了合约的基本条款。价格虽然巨大,但也合情合理,成功的机会貌似还是不错的。

如果命运——或者说故事情节——没有让你突然遭受冠心病,这件事情可能会归于平静。你正要休息,突然感到胸口疼痛,并不厉害,但一只手臂开始麻木了。你打开台灯,坐起身来。就在这时,一条无形的横梁阻断了你的胸部,让你疼得闭上了双眼。你感到无法呼吸,那种压力是很难忍受的。但不适的感觉慢慢减轻了。你感到恶心想吐,你瘦削的两肋在睡衣下渗出了很多汗珠。你睁开眼,你的胸部看上去没有什么变化,你解开了一颗纽扣,用手指抚摸着肋骨。你的指甲很久都没剪过了,看上去有点儿脏,胸毛已经变白了。你没看到任何伤口,但你所抚摸着的那个男人感到非常虚弱。你一夜都没睡。

早晨，你直接去看医生了。

医院很大，而且人满为患。包括你在内的很多有钱人都给这里捐过款，以确保那些非常穷的人能接受治疗。一个濒临死亡的村妇正躺在一张长椅上。你没法独自走路，一直靠在你司机身上。你绊倒了，他有些尴尬地把你从地上扶起来，如同搀扶一个孩子或年轻的新娘。你让他帮你坐到轮椅里。你的声音嘶哑，不得不重复了一次。一个男人拿着脏拖把在拖地上的一摊看上去像是尿液的东西，同时告诉周围的人不要踩到。

你的医生从检查室出来迎接你，那是别人享受不到的待遇。他和往常一样和善，摇了摇手指，仿佛责备你做了不该做的事。他语气轻快地说："我们直接去重症监护室吧。"他亲自推着你，告诉司机他不能进去，最好留在大堂里，有事的话可以找他。

你很幸运，心脏病复发的时候你已经到重症监护室了。恢复意识时，你已经变成了一个机器人，一半是人，一半是机器。你的胸口和电脑监视器之间连着电线，鼻子里插了一对透明的输氧管，从旁边的金属氧气箱中向你传输氧气，一袋液体通过一根插针流入你手腕上的血管里。你有些害怕，身体又异常虚弱，但你几乎动弹不得，身体被松松地固定在病床上。一个护士正在和你说话。你听不太清楚她说的是什么。但你至少知道在那一刻，这部机器和你是不能分开的。

作为一个要靠仪器维生的人——靠电子、气体、液体仪器才能呼吸的人，就像是一只苍蝇撞到了蜘蛛网上。那些无生命的链条一端连接着你有生命的躯体，另一端则连接着医院的电力系统、备用发电设备、信息科技体系、制造氧气的科室、重新为氧气罐充气的工作人员、运输人员、制造厂、原料矿，等等等等。从你的身体进入到房间中，穿过楼道，到周围的世界，反射出人们从来没有思考过却一直存在的整个系统，没有这些血管、神经、肌肉、淋巴，就没有你。很好，你睡了。

再次醒来的时候，你哥哥的儿子来了，还有你的前妻和她的丈夫，这让你颇为惊讶。她现在的丈夫留着胡子，行为举止十分成熟，这让你有些困惑，因为他在年龄上应该算是你的晚辈。你房间里的光线有些怪异，仿佛来自遥远的未来，不知道是因为医院的特殊照明系统还是因为你加入了自己的想象。你的医生拍了拍你的手背，在大家面前向你介绍了你的身体状况以及医院将采取的治疗方式。你现在的情况并不是非常好。你心脏的肌肉受到了损害，每跳动一次所输出的血液非常少。这样的情况目前并不致命，事实上医生本人也遇到过相似的情况，但已经维持了很多年。可是同时你还有严重的血栓，因此之后心脏病发作的可能性非常大，可以确定它会最终夺去你的生命。但以你的情况来看，进行心脏搭桥是不可能的，而在医生看来，离开医院也是不明智的。最好还是留院观察。

你很清楚这种说法相当于隐晦地让你等待死亡，你前妻眼睛里的泪水也向你证明了这一点。她每天都会来医院，但基本上都不会带她丈夫来了。和你在一起的时候，她的态度很官方，办事效率也很高，就像是电影里的企业管理者一样。她又询问了其他人的看法，帮你换了新的心脏科医生，帮你转到了另一家医院。一个世界知名的专家答应几周后来看你。你前妻把希望都寄托在了他的身上。

这个专家就像是来自另一个星球，皮肤散发出橙色的光芒，牙齿白得可怕，头发很厚，厚得骑摩托车都不需要戴头盔。在帮你做好检查并审阅了你的病历之后，他认为在你的动脉里做几个支架就可以了。当然，你依然有可能死在手术台上，但既然不做也要死，冒些险也是值得的。

你同意进行手术。手术过程中你是清醒的，甚至有些木然地看着监视器上那个机器探针进入到你的身体里，打开你的动脉，锁住某一个地方。你在想，如果出现什么闪失，你可能可以在大脑停止工作之前在屏幕上看到自己的死亡；又或者内部的一系列工作可能会比外部反映出的更快，这样你会很快眼前一片黑暗，再看不到这个剧场里播放的任何东西。然而这些可能性都只能停留在理论上了，因为你的世界级专家向你宣告，手术获得了空前的成功。

第二天，在你的术后检查完成后，他告诉你，在重新获得足够的血液后，你的心脏已经恢复如初，虽然你年事已高，但依然可以有很长的路要走，甚至可以有很多年自由的生活。你对他表达了感谢，同时也很感激你的前妻。而就在这时，在世界级专家橙色光芒的照耀下，在他告诉你要多休息、遇事不要太过激动之后，你的前妻通知你，她的弟弟——她希望从来没有出生过的弟弟——挪走了你公司用来收购其他公司的钱，拒绝了收购，导致你的公司最终破产。你病房外面的警察并不是像你想象的那样为保护你而来，而是因为在法律上你已经被捕了。

听完这个消息，你的情绪相当稳定。这意味着你不会为此而丧命了。你告诉你前妻，她和这件事毫无关系，雇用她弟弟并信任他是你的决定。你告诉她你的身体已经比上周好很多了，但你并没有提及你感到地球引力仿佛大了很多，而且在没有人搀扶的情况下去厕所就如同在月球表面环行一般。

她离开后，你一言不发地坐了一整天。然后你开始做事了。你曾经私下里挪走过一些资金，你让你的侄子进入到那个账户把它取出来。你的债主并不知情。你请了律师，又贿赂了一些需要贿赂的人，租了一家两星级酒店，所有这一切，你都没有告诉你没什么钱的前妻。但她还是拒绝了你给她的医药费。她说她也只能做这么多了。

你现在已经没有司机，也没有自己的车了。你的侄子们开车带你回到酒店，并责骂你的副手，怀疑他可能很多年前就已经开始从公司偷钱了，然后又马上说他们对你并没有任何不满，毕竟你是他们的叔叔，血浓于水。他们让你搬去和他们一起住。你表达了谢意，但还是决定自己住。透过车窗，你看到漫天的雾霾如同穹顶般笼罩着整座城市，让天空变成了古铜色。

之后的几个月里，你收到了匿名的死亡威胁。你和之前的所谓盟友政客见了面，他们几乎难以掩饰幸灾乐祸的心情。雪上加霜的是你刚好碰到了一场媒体问责运动，民意和丑闻铺天盖地向你袭来。你一直就是一个圈外人，但最终还是受到了伤害。很正常，你牺牲了，才能有后人的位置。

结果清晰后，你几乎没有任何抵抗或挣扎就接受了自己的命运，这是你行事的习惯，而且你心中对曾经的员工也有一种责任感。你甚至在某种程度上感到释然，就像是动物在秋天脱毛一般，你有一种丢弃自己财富的冲动。一切结束后，你的财富如同失去了脂肪的瘦骨，但还算不上赤贫。而且至少你是自由的。年迈的你一个人住在酒店房间里，每天吃药，望着窗外的车水马龙，出门的时候叫出租就可以了。

性格上你有时会表现出羞涩或犹豫，很难说这是因为你年事已高，还是因为你遇到了经济上的滑铁卢。你遇到了一个男人年迈时的问题，一切突然而至，完全没有任何预告。你没有租房子，也没买二手车。你一直留在酒店里，身边几乎没有什么自己的东西，所有的财物加起来也只能装满一只箱子。这很适合你。

酒店附近有一家网吧。你慢慢地走过去。你很容易就会喘不上气来，所以走一阵就要停下休息一会儿。你拿着医生推荐的超轻型手杖，仿佛是在怀旧。你在这世界的时间比你对面那三个年轻技术人员加起来都要长。他们的衣服、刺青和留着的细胡子应该是属于某一个你不熟悉的帮派。他们看到你后的表情并不愉悦。不过他们的头头至少站起来表示了尊重。

"可以再帮我一次吗？"你说。

他点了点头。"5号。"

他举止粗鲁,但依然很周到地帮你把一切安排妥当。你坐在一个小格子里,带网眼的椅子结实而舒服。你面前是一部平板的液晶显示屏,上面显示着你的使用时间。电脑的机箱就在你的脚边,你看不到它,只能小心地把双脚躲远一点,怕把它碰坏。格子间很小,不过还是比你之前公司里的那些格子要高一些,以便给使用者最大程度的隐私。网吧光线昏暗,没有任何照明系统,只有电脑屏幕微弱的光亮。整个房间里弥漫着女人的发胶和体液的味道。

你儿子出现在了你面前,角度仿佛是你在高处往下看他一样。你调整了一下坐姿,让角度看上去更正常一些,但并没有任何作用。你不知道把手放在哪里,只能抓住椅子的扶手。你儿子定格在了屏幕上,脸上出现了很多马赛克,过了一会儿,又恢复了正常。

"爸爸。"

"孩子。"

他在自己的家里。那事实上只是一间库房,基本上没有什么家具,房间里有很多回收的建筑材料。他的餐桌是两摞空心砖支撑的一张门板。从摄像头可以看到那边的窗外已是漆黑一片。他关心你的健康，你告诉他一切都很好。你们讨论了政治、经济以及他的表兄弟姐妹。他一直没办法回来看你，因为他是通过申请长期避难而获得签证的。回家意味着他所谓身处危险的声明是假的。

"你和你妈妈通过话吗？"你问。

"没有。很久都没有了。"

"你应该打给她。她很想你。"

"我知道。用她的方式吧。"

你儿子的朋友从他身后走过，没穿上衣，也没刮胡子，看上去睡眼惺忪。他正在刷牙，准备睡了。那个朋友跟你挥了挥手，你举起一只手回应。你儿子笑了，半转过身去和他朋友说了什么，声音很小，你没有听清。然后他又转回身来对着摄像头。

"太晚了。"他抱歉地说。

"是啊。别让我打扰你太久。"

"你下次什么时候见医生?"

"今天。"

"一定要给我发信息,告诉我情况。"

你回答说你会的。你耳朵里的耳机传出了水滴落入池水里的声音,你儿子同时消失了,仿佛被屏幕中间的那个马赛克形成的空洞吸走了。之前的欢愉此刻变成了一片静止的沉寂,只有屏幕一角的计时器一如既往地走动。你付了钱,离开了。

就在这一刻,漂亮女孩也正坐在电脑前,研究着她的助手交给她的月流水,数字并不乐观。今晚她也会去医院,但此刻她并不知道。

"销售下滑得很厉害,"她勉强地笑了笑,"希望你做好了反弹的准备。"

"当然。"她的助手回答说。

"我们好像没什么选择了。"

"是啊。"

"好吧,那就取消春天的旅行吧。"

两个人同时陷入了沉默。

"总会有这样的时候。"

漂亮女孩点了点头。"是,总会有的。"

五点,她和往常一样离开了店铺,司机尽可能避免下班的车流,因此只能走一些坑坑洼洼的小路。漂亮女孩望着窗外凹凸不平的路面。每个地方都在铺线,黑色、灰色、橘色的神秘电线像蛇一样躲藏在温热的土壤中。不知道它们在哪里汇聚在一起。

她的助手负责关店。那晚她和店经理一起计算了当天的账目,正准备把钱放进保险柜里。突然,有一块砖头打碎了店铺的玻璃。漂亮女孩的助手这时正在店铺后面的小办公室里,通过黑白监视器看到三个带着武器的蒙面男人走进了店里。她本能地拉响了警报，锁好保险柜，转动了密码。经理吓坏了，满脑子想的都是如何活着离开这里。

那三个人知道有人拉响了警报，他们的头目假装要射穿店经理的头。不过思考了一下之后，他还是让漂亮女孩的助手打开保险柜。她犹豫了，并不是勇敢，而是有些困惑。那个人用手枪柄敲了一下她的太阳穴——因为她年事已高，而且又是女人，所以并没有用太大力气，但她依然摔了一跤。过了一会儿，她站起身照做了。三个男人拿着钱走了。事实上这次抢劫持续了不到五分钟。九分钟后，保安到了。二十二分钟后，漂亮女孩也赶到了。三十八分钟后，警察才来。

小心起见，漂亮女孩把她的助手送去了急诊室。在车上，漂亮女孩抓着她的手，后者则呆呆地望向前方，一言不发。护士看了看她的情况，说只是皮外伤，没什么大问题，建议用冰袋冷敷，再用一些镇痛剂，然后就让她们离开了。可在回家的路上，助手突然说头晕想吐。漂亮女孩马上把她送回医院。还没到医院，助手就开始抽搐，后来就失去了意识。医生翻开她的眼皮用手电筒照瞳孔的时候，她已经死了。

那晚，漂亮女孩和这个城市的四十年情事宣告终结，虽然她并没有马上离开。她需要做出一连串决定。她必须卖掉家具店，处理一系列的遗留事项。不过有些事已经改变了。她的方向不会再摇摆不定。她坐在客厅里，望着护窗网外面的夜晚。黑夜中，飞机正飞向夜空。她心中有一个力量拉住了她，带她走向一个温暖的终点。那是她出生的地方。

11

聚焦根本

此刻,我想我应该抱歉自己在某种程度上耍了一些花招。但我不会。现在还不到时候。虽然你已经离开了富有的生活,金钱再不是你的掌中之物,但我依然要暂时抛开自己的过错,向两个"自我"提供一些经济上的建议:一个是你的自我,一个则是她的。

幸运的是,这条建议并没有受到你破产的影响,因为它适用于每个平凡人。这条建议是:聚焦根本。在繁茂的森林中,你要了解什么对你来说才是最核心的。而对现在的你而言,这意味着去除所有的虚浮。

你已经做得很好了。你和那家两星级酒店协商了一个长期租用价格,因为你愿意付现金,而且酒店经理的父亲曾经是你的员工,而他父亲一直对你致以无以伦比的崇敬之情,因此最终商定的价格比标准房价的一半还要低;你的饮食非常节约,由于新陈代谢减慢，你一天基本上只吃一顿饭；出行时你会叫出租车，节省了买车和保养的钱；同时，为了减少电话费的开支，你基本上都是在网吧和你的儿子联络。因此，你保住了有限的存款，可以规律地去看医生、做检查和吃药。在死亡和欠债之间，前者应该会胜出。

你唯一的奢侈就是给楼下的乞丐们送茶水和饼干。这栋楼大概有10年的楼龄了——当然说它有30年也有人会相信。它的两边是两栋外墙相似的四层矮楼，很难知道是什么时候修建的了。这条路之前通向一个不太热闹的市场，现在周边已经修建成了一个无边无际的商业区，俯瞰下去就像是一只变形虫。附近有卖活禽的铺子，有面食店，各类高分贝的音响播放着各种歌曲，还有卖假烟的、卖窗户隔音隔热膜的，有的还承诺免费安装——这是一个重要的卖点，因为橡胶滚轴业的泡沫已经越积越大了。

那些来求你帮忙的同乡基本上都没有什么技能，希望在建筑工地、运输公司或者家政公司找一份差事。你酒店破旧的公共区域已经足以让他们震惊。按钮坏掉的电梯和污迹斑斑的茶杯茶匙向他们证明了他们所听到的：你是一个重要的人。在看到你的高级衣服和举止态度之后——虽然你年事已高而且事业受挫，他们更是深信不疑。你尽最大可能帮助他们，打电话求人说好话,还回答了他们一系列让人尴尬的问题。

有些来求你的人并不是村里来的青年。有些是城里的孩子,和你一样,是第一代来闯世界的人,或是发型时髦表情机灵的第二代城里人。还有些年龄大一点,有的甚至是专业人士或经理,偶尔还会有穿西服打领带的人。对那些城里人来说,看到你的新居难免会让他们有些失望,不过在谈话中他们的担忧会慢慢消失,因为显然你知识丰富,虽然耳力已经不如以往,但依然是一个宽容的倾听者。他们非常希望能开掘你的商业和政府人脉网络,虽然你已经日渐远离,但也希望他们可以重新开掘,以拓宽自己的天地。事实上你通常都可以给他们提供很大的帮助。

你虽然做出了贡献,却没有收到过任何经济上的奖励,你本人也并不奢求受恩惠者向你表达任何的感激之情。你的动机是不同的。你希望和外界联络,希望起到一些作用,也希望能用一些事填补你的空闲时间。同时,你对这个世界依然充满好奇,想知道你的酒店外面——那个你曾经非常了解的世界——正在发生着什么。

你听说地下水位在持续下降。无数钻孔机在如饥似渴地向更深的水层进军,以填充越来越多的管道和水渠,这样的情景你实在是再熟悉不过了，这也曾经是你财富的来源。但如今过度的地下水开采造成了土壤的龟裂，湿润、肥沃的土地变成了斑痕累累的干涸的土壤。而与此同时，官方和非官方的各类行为仿佛想要将整个社会抽干，比如加强了对各种节庆和公众娱乐的限制，这造成了和地下水开采同样的后果——断裂。年轻人被分裂开来，比以往任何时候都要严重，他们结成了各种无法理解的团体帮派，通过汽车后面的贴纸、赤裸的肩膀或者胡须的形状来显示自己所属的派别。

你走在街上的时候，很难理解他们到底有怎样的立场。事实上他们虽然呼喊着口号，但也未必清楚自己有着怎样的主张。但你知道，社会上正在积聚起一种沮丧、愤怒和狂躁的情绪，暴力日益升级。这一方面是因为穷人对富人的生活更加了解，他们每天都可以通过电视看到窗外那个富有的世界；另一方面源自武器供应带来的人们思想意识的变化。有时候看到一辆豪华的越野车驶入一条窄巷，你会庆幸自己失去了财富。

虽然我不确定你是否完全没有意识到自己与漂亮女孩只是咫尺之遥，但我想这也应该是事实。从她的住所到你的酒店，乌鸦只需要飞上半个小时的时间。但因为城里的乌鸦可能会来回盘旋，也可能会经常停歇，所以她可能离你更近些，也可能更远些。她拥有一座小联排别墅，以低于市场的价格租给了两个女人，一个是歌手，另一个是演员。两个人都是新人，还谈不上成功。储蓄加上收上来的租金，漂亮女孩还可以维生。

也许是因为胯部一直疼痛，她现在很少像以前那样出游了。她请了一个杂工帮她打理杂物，那个个子小小的中年女人可以做饭、开车、采购，就住在厨房旁边的用人房里。不过，漂亮女孩每天还是会到她最喜欢的公园去走一走，虽然步伐缓慢，但依然昂首挺胸。夏天或是秋天的时候，她会在晚上去散步，而冬天和春天则是在早晨。她喜欢看那些年轻的情侣在去上课或工作前匆匆到公园约会的情景。

她喜欢在家里看电影，更喜欢把收音机开得很大声，把她的租客引过来和她聊上几句。有时候她们会和她聊一聊最近的工作，比如拍了MV或录了某首歌的小样。但这种情况并不多。她们从来没有邀请她去片场或录音棚。她的房子位于一条胡同的末端，从楼上的客厅她可以看到整条街道。商店和饭馆的另一边有一个电信中心，高塔上有圆盘式卫星电视天线，就像是要指挥云朵的电磁杆。她买这个地方就是因为可以看到这番景色。

这并不是一个怀旧的地方。相反，她非常抗拒重返那些她曾经生活多年的地方,也没有想再整理一下自己的存款,雇用一个新的助理帮她做翻译或是安排出国旅行。在她心中,这次回家就是为了给之前的生活画上一个句号。

但不知道是因为她年事已高,还是这个城市和她年少时的种种牵连,她总是会突然间不经意地回想起以前的某些场景:用手指抹去杯子上的水珠时,她会记起一位已经过世的谦和的摄影师,在露台上吹风时,旧日的海滩派对又会重现眼前。前一分钟还清醒的她下一分钟便会陷入迷思。

你们是在一家拥挤狭小的药店重逢的,店里面堆满了火柴盒大小的药品,上面的字小得让人看不清。从侧面看,彩色的封印仿佛光下的鱼。你在收款台前排队,周围的人推来搡去,甚至要靠在规矩地排队的陌生人身上才不会摔倒。你看到一个熟悉的身影刚刚付完款准备离开,一种强烈的情感顿时在你胸口升腾起来,这种情感近似于恐慌,你甚至想放下手里的药马上离开。

但你还是留下了。她走近你的时候,皱紧了眉头。

"是你吗?"她又一次问了同一个问题。

你用手杖支撑着身体，仔细审视着面前这个干瘪的妇人。

"是我。"你说。

你们都沉默了。她缓慢地摇了摇头，握住了你的手。她的皮肤光滑而冰冷。

"我看上去和你一样老吗？"

"不。"你说。

"我还以为你很诚实。"

你笑了。"有时候也不是。"

"我们找个地方坐坐吧。"

药店附近有一间咖啡馆，应该是个连锁店，装修得有一种属于连锁店的不自然的怪异感，无论是沙发、椅子还是桌子的选择和摆放都准确地符合某个公司品牌指南。咖啡馆的家具让人仿佛回到了几十年前；音乐、菜单和价格却绝对是属于现代的。对于那些有钱的年轻顾客来说，这种效果可能很有吸引力，帮助他们从周遭的环境穿越到新兴的亚洲以外的另一个世界，甚至另一个星球。但在你的记忆里，几个月前这里还是水果店，对你来说这家店人工做旧的痕迹让你不知所谓。当然，这是在平时。今天你完全忽略了这些。

喝茶的时候，你和漂亮女孩讨论的话题和其他半生都没有见过面的旧恋人没什么区别，无非是你的健康、事业、你们共同的回忆，是的，整个过程充满了欢声笑语，当然也谈到了你们现在的状况，以及是不是单身，但只是轻描淡写，一带而过。服务人员非常礼貌，他所看到的是两个年迈老人探着身子，开心地聊着天；当然，这也是你所看到的，但不是全部：对你来说，在漂亮女孩衰老的身体里，依然藏着那个高挑、健康、韵味十足的女人，享受着这一刻的欢乐，可以在你润湿的目光中翩翩起舞。

"退休这个词多奇怪啊。"漂亮女孩喝完了最后一口茶，感叹道。

"我们只是失业，"你纠正说，"这比退休有点生气。"

"你在找工作吗？"

"没有。"

"那你就是退休。"

你给你们各倒了杯水。

"你应该面试我，"你边说边把水递给她，"然后我再面试你。这样我们就都能失业了。"

她抿了一口。"万一我们有人通过面试呢。"

第二天，你又给她打了电话。之后的几周时间你们都在一起，一起到饭馆吃晚饭，或者到公园去散步。你们还到城中最大的殖民时期博物馆和它充满芳香剂气味的动物园去玩，那都是你儿子上学的时候你去过的地方。动物园的门票贵得把你吓了一跳，而且整体面积也比你上次来的时候大了很多——这和你想象的恰好相反。漂亮女孩喜欢那个巨大的鸟笼，而你则喜欢看河马从岸边沉到泥里面的样子。她指了指对面的一大群年轻人，听他们的口音和方言，应该是来自离这里很远的区域。他们有的开心并充满好奇地呼唤着动物们，有的三五成群地坐在树荫下的长凳上。动物园特地做了一些告示牌，上面写着一些重要动物的每日食谱，偶尔会有一些识字的游客为他的同伴讲解动物园需要准备多大量的食物来满足某些动物的需要。

有漂亮女孩的陪伴，你终于放弃了一部分之前一直坚持的与世隔绝的生活。有了朋友，你也就有理由进行更多的探索，而且胆子也变大了。是的，这座城市确实有些令人害怕的地方，比如过多的车辆，极端的天气，微生物的耐药性，更不用说那些肉食者的残暴，尤其是对你这个年龄的人。但现在你开始品味自己在这里的新生，开始觉得这里没有你之前认为的那样可怕了。事实上因为同伴的幽默，这座城市开始展现出一种新的活力——至少现在是这样。

有时候，漂亮女孩在望着你的时候会感到震惊，一种极度的震惊。因为你就如同一面镜子，你的老迈憔悴也映射出了她自己的衰老。这些感觉更多地出现在你们相遇后的第一个月：几天不见，她的记忆仿佛被擦拭掉了，再见面又需要重新适应。但渐渐地，新的数据开始累积，你的眼睛，你的嘴……她对你的印象开始幻化成另一种形态，一种不会被时间改变的——或者不会完全被时间改变的形态：依然年轻英俊。她看到你光秃的头顶时，想到的是你对世界的了解，你干枯的手留给她的是温柔的记忆，而你的下巴则代表了你的脾气秉性。对她来说，你既是男孩又是男人。她看到你如何化解了她的孤僻。更重要的是，她看到了你眼中看到的一切，这激起了她心中最难以理解的渴望，一种对你的渴望，渴望你不要那样孤独。

一天晚上，你们一起看了一场电影。巨大的屏幕、优质的音响效果和昂贵的爆米花都让你非常惊讶，当然还有影院外面的一对年轻情侣突然爆发的争吵——他们不小心把你推倒在地，以至于大腿上磕了一片淤青。不过感谢上帝，你的骨头没事。漂亮女孩邀请你到她那里看看。她的租户看到你后咧嘴笑了，很高兴她们的女房东有男性拜访，然后就马上离开了。

"你想喝点什么？"漂亮女孩问。

"我不能喝酒。"

"半杯红酒？"

你点了点头。

她从冰箱里拿出了一瓶酒。"坐下吧。"她边说边倒了两杯酒。

你们都抿了一口，陷入了沉默。

"我们去我房间？"她问。

"好。"

她拉着你走进房间，关上了门，但并没有开灯。

"等等。"她走进了卫生间。

你担心自己会在黑暗中摔倒。

"床在哪儿？"

"哦，对不起。"她手扶着你的腰，把你推到床边。

你坐了下来。床垫很硬。你用手摸索着找到了墙壁，慢慢地靠了上去。幽暗的光线从门缝里钻了进来，你听到了水龙头的流水声和冲马桶的声音。你也想用一下洗手间，但还是克制了自己。漂亮女孩离开了一会儿。

她回来后坐在了你身边。你们接吻了。她的嘴里是牙膏的味道。她换了一件睡衣，你可以感觉到她的肋骨、肚皮，还有不可思议的柔软的乳房。她帮你脱去了衣服。她用手有节奏地帮你抚摸下体，幸运的是你居然硬了起来，或许是没有去厕所因此前列腺涨大的缘故。她在两腿之间涂了一些东西，转过身去背对着你。你摸索着进入了她的身体。你动了起来。她抚摸着自己。你用一只手环住了她。

你们都没能达到高潮。但我必须补充一句，你感到了快乐，一种欣慰的感觉。你平躺在床上，开始有些沮丧和尴尬，但后来便突然笑了起来。她也跟着你笑了。这是你们很长时间以来所拥有的最美好最温暖的笑容。

12

准备好退出策略

我必须承认，这本书并不是让人在新兴的亚洲暴富的最好的指南。显然我是要道歉的。但到此刻，抱歉已经不能解决什么问题了。我想不如谈一下我们最终的退出策略，你的和我的，在这场人生的战役中，我们应该做好准备。

我们都是自己童年的逃难者。我们会转向故事。构思或阅读故事相当于从逃难者的身份逃离出来。作者和读者都希望能解决一个问题：时间会流逝，已离去的早已离去，将离去的也必将离去。我们经历了一切皆有可能的阶段，就一定会经历一切都不再可能的阶段。而在这两个阶段之间，我们可以发挥我们的创造性。

因为你创造了这个故事，我也创造了这个故事，我想问你事情发展得如何了。我想了解那个在沙子进你眼睛时握住你的手的人，或者和你一起在雨中奔跑的人。我想和你在这里停留一会儿,如果不能停留,至少让我穿越到你的世界,如果你允许的话。你的故事挑弄着我,我对它是那么无知。无法穿越到你的身边并不能阻止我想象故事的发展。在想象的时候,我几乎感受到了你的存在。移情是一件有趣的事。

作为例证,让我们想象一条不能打嗝的鱼。我们可以看到它在玻璃缸里游弋,如同轻飘飘地穿梭在空中的云层里。鱼缸里的水透明得就像不存在一般,如果没有鱼缸的话,它真的如同悬浮在空气中一般,也许它的鱼鳍就像直升机的螺旋桨助它飞行。它逃离了大海,逃离了湖泊,逃离了池塘,现在,它自由了,可以沐浴在温暖的阳光下。但它很困惑。它感觉到巨大的疼痛。它的食道中堵了一个气泡。虽然生命如同天堂,但它却痛苦不已。我们的心会被它牵动吗?是的,我们会的。打嗝啊,亲爱的朋友。为什么不打嗝呢?

就在这场鱼类学家的戏剧进行的同时,在地球上,一对年迈的男女一起生活在一栋不大的联排别墅里。你和漂亮女孩搬到一起生活了。她失去了一个租客。你的头脑开始有些混乱了,虽然只是偶尔,但你有时会弄不清自己身在何方,因此如果住在酒店会有些麻烦。你们并没有住在同一间卧室里。漂亮女孩从来没有和别人一起生活过,现在开始恐怕也有些晚了。不过你们大部分时间都在一起,有时开心,有时暴躁,有时安静，有时温暖。在这个过程中，你们的存款在被通货膨胀快速地侵蚀。

你们不太出去逛了。你们经常见到的人只有漂亮女孩的租客——那个演员，还有漂亮女孩的帮佣。在你头脑不清楚的时候那个帮佣会提醒你，这让你想到了你父亲，虽然他们在外形上没有任何相似之处。或许是因为他非常顺从，而且也是佣人。他的年龄也和你父亲过世时的年龄相仿。

你坐在那张重装过椅面的椅子上，大腿上放着报纸，用耳机听着音乐。漂亮女孩边抽烟边点头，享受着秋日午后和煦的阳光。门铃响了，你有点吃惊。你儿子站在门口。你忘了他说好来看你。你站起身迎接他。他紧紧地却也小心翼翼地抱住了你。他吻了吻漂亮女孩的面颊，她仿佛看到了年轻时代的你——虽然你儿子的穿着要远比你那时考究，她心中泛起了涟漪。她递给他一支烟，他接受了。你可以感受到她喜欢他，这让你很开心。他长大了，坐着的时候依然比你高大。

很多年来，这是你儿子第一次来看你。他终于成为了另一个国家的公民，可以自由行动了。他在你不在场的情况下就做出了这个决定，这让你有些不快。不过你还是尽力压抑了自己的情绪。你感受到一种难以名状的爱，一种上一代人对下一代的爱。年轻人只有经历了时间的洗礼，步入暮年的时候，才能够理解这种爱。你儿子告诉你他刚刚见过你的前妻。她很好，他们的重聚充满了眼泪和情感。对于某些事他并没有提及，而她也没有问起。

这一个月的时间，你们的生活热闹起来，大部分时间都是在家度过的。你儿子会到外面租电影光盘，或者在家里帮你们做饭。你们也出去过两次，去他选的餐厅吃饭。那两家餐厅都很奢华，装饰新奇，用餐后他用自己的信用卡付了钱。而后他离开了。你们又陷入了之前的常规生活里。他给你们留了一些钱，这对你们来说是一件幸事。你们附近的一处平房发生了爆炸，据说那里之前是情报局关押和审问嫌犯的地方。你们的窗户玻璃被震碎了。你花钱重新安了窗户。

你们这座城市变得越来越神秘。电力和天然气经常断供，往来交通的噪声鼎沸，空气中的尘霾让你头昏脑涨。你可以在窗帘周围看到那些微粒在飞舞。电视和广播会提到这方面的新闻，听起来很吓人，但也仅仅是如此。

你经常会和漂亮女孩相互凝望，仿佛从悬崖上跌入漆黑的谷底，那里有各种生灵在守候，大部分都是食肉动物。作为食肉动物，你了解它们最喜欢老迈、病弱的猎物，这些特点和你越来越接近，侵入到了你柔软的皮肤底层。

但在其他时刻，比如年轻的修理工来给你修电话的时候，或者和药店知识广博的年轻女郎谈天的时候，你会突然乐观起来。你惊叹于身边那些人的弹性和才能，尤其是这个城市的年轻人，在这个属于城市的时代。由机场和电线连接着的大城市组成了一个不断变迁的群岛，不仅仅是在新兴的亚洲，而且布满了整个地球。

不过大部分时间，你都不会去关注城市，而是聚焦于身边发生的各种小事，在你的客厅和厨房，或者一些现实在经过你大脑的扭曲后产生的幻象，虽然没有高科技加工后的那样具有设计感，但依然奇妙莫测。或者，你会关注身边的漂亮女孩，你们会一连聊上几个小时，争辩或欢笑。你们还对打扑克产生了很大的兴趣。

你们并肩坐着，离茶几隔了一个人的距离。你们拿着牌，小心地不让对方看到。她的烟头有很长一段烟灰。你拿起烟灰缸让她把烟灰弹掉，同时斜眼看她会不会不小心把牌露出来。这次没那么好运了。

"耍赖。"

"谢谢,这是跟你学的。"

事实上你在放烟灰缸的时候她也在偷瞄你的牌。你很会骗人,哪怕手上的牌很差,依然可以装出拿到一手好牌的样子。这是你的强项。她的优势在于很难预测,还有她敢于冒险的性格,喜欢大输大赢。这同时也是她的弱点。当你们记忆力都不太好的时候,你们会让游戏更刺激一点。

"我要增加赌注,小子。"她说。

"好啊,好啊,我知道你有什么牌了。"

"是吗?"她挑了挑眉毛。

"等着瞧吧,小美人。"

你加了注。你赢了。只是运气,真的。

你把那些西洋棋棋子全部拿走了,棋子光滑而冰冷,大部分是白色的,只有几个黑的。她起身去倒了一杯柠檬水。

"太不幸了。"你说。

她心里生气，但表面上依然笑着说："还没到时候。"

她回到沙发上，把水放在椅子扶手上。你专注地看着她，就像一个工程师在拆卸一台机器。她探过身子，等待你的反应。你发现了她的心思。你们接吻了。

死神对漂亮女孩很仁慈。医生发现她的癌症已经从胰腺扩散到了全身，同时很惊讶她的身体居然没有什么反应。他说她还有三个月，但她只撑了一个半月的时间，直到最后还一直在吸烟，以至于呼吸都变得困难。住院已经没有什么意义了。她请了一个护士，你也一直在照顾她。她选了几部最喜欢的电影，准备再看最后一次。她本来不喜欢和人拥抱，但现在只能长时间地靠在你身上，允许你抚摸着她的白发，不知道是为了安慰你还是为了得到安慰。

"我不愿让你一个人。"在一个下午她对你说。

"我不会的。"你说。你想告诉她，她的帮佣还在，还有租户，当然还可以打电话给你的儿子。但你完全说不出话来。

药物并没有减轻她的疼痛，但至少可以不让疼痛成为她关注的中心。她想离开了。到最后的那几天，别人的陪伴让她有些恼火，就像是一颗要掉的牙齿仅有的一点点与牙肉相连的地方。在生理上她渴望解脱，那是一种与生俱来的冲动，但因为爱，她才用尽全力抬头朝你微笑，或捏一捏你的手。

她走的那个早晨风很大。你在她社区的一片墓地埋葬了她。她和那里的人基本上没有什么关系。但你不知道还有什么地方比这里更合适。除了牧师，几个掘墓人，还有几个专业吊唁者之外，只剩下你们三个人。

漂亮女孩的演员租客在这里又住了一阵，因为漂亮女孩跟她说过让她留下。但她不太习惯房子里除了她再没有别的女人。所以虽然房租很低，她还是离开了。帮佣留了下来，一方面是出于对漂亮女孩的忠诚，另一方面是因为他可以从你这里偷钱。你没有责备他。换了你也会这么做。这是穷人的权利。而且你很感激他的帮助，同时也感激他没有因为你的老弱而动用暴力抢你的钱。房子的水压很低，放洗澡水要放上很长时间。因此你只能坐在塑料凳子上让帮佣帮你擦身，还得忍受你偶尔放屁。他每周帮你擦两次，而且从来都不会抱怨。

直到有一天你在医院的病床上醒来，身上连接着机器和液体。你的前妻和儿子都在，看上去是那么年轻。你有些惊慌失措，好像从来就没有离开过医院，仿佛这几年来的生活只是自己的幻想，但漂亮女孩突然出现了。她也很年轻，也许她刚刚听说你得了心脏病，马上从海边那座城市赶过来了。现在什么都没有关系了。她在这里。她来找你了，她没有说话，别人也都没有注意到她。她拉住你的手，你做好了离开的准备，睁着双眼，知道眼前的一切都是幻影，都是脑中药物的作用。而你的大脑马上也要停止工作了。一切将再不存在，你准备好了，像其他所有的男人和女人一样。你爱过你的父亲、母亲、哥哥、姐姐、儿子，还有你的前妻，当然还有漂亮女孩。你超越了你自己，因此你拥有勇气，有尊严和理性来面对恐惧。漂亮女孩拉着你的手，你包含了她，包含了这本书，还有写这本书的我；我也包含你，一个可能根本就没有存在过的你；你在我的身体里，我也在你的身体里，你，我，我们，我们所有人都要面对最后的那天。

马上扫二维码,关注 **"熊猫君"**

和千万读者一起成长吧!